INTERNATIONAL SUPERMODEL RECORDED

内 容 提 要

《国际名模录》的选录对象是不同时期著名的国际模特，以欧美著名模特经纪公司的签约名模和世界著名服饰品牌的形象代言人为主。梳理时间从20世纪50年代至21世纪10年代。每十年作为一个时间段，记录了70年间国际超级名模的发展历程。

本书分为七个部分，每个部分介绍了当时的时代背景、审美特征和时尚潮流，以及名模的个人档案、星路历程、个人保养以及生活经历。20世纪50年代是战前传统审美观点的延续，但带有一些战后新形象。从20世纪50年代末开始的年轻风暴在60年代爆发，反叛野性是这一时期模特的特征；20世纪70年代仍然有60年代的激进反叛，却不再那么单一，各种类型的模特都受到了欢迎；20世纪80年代的模特们则显得光怪陆离；20世纪90年代依然以个性为主却更趋于多元化；21世纪模特则以表现演艺为主要特征，中国模特走向国际时尚舞台，成为令人瞩目的后起之秀。

各个时期的国际名模，在T型台上、镁光灯下演绎着夺目的风姿，推动着时尚潮流的变更，促进“美丽经济”的发展，成为时尚产业和奢侈品行业的重要“助推器”。

图书在版编目(CIP)数据

国际名模录/皇甫菊含主编. —北京：中国纺织出版社，2016.4
服装表演专业指定用书
ISBN 978-7-5064-8469-5

Ⅰ. ①国… Ⅱ. ①皇… Ⅲ. ①模特儿—列传—世界Ⅳ. ① K815.7

中国版本图书馆 CIP 数据核字（2012）第 050704 号

策划编辑：金 昊　　责任编辑：张 程　　责任校对：楼旭红
责任设计：何 建　　责任印制：王艳丽

中国纺织出版社出版发行
地址：北京市朝阳区百子湾东里A407号楼　邮政编码：100124
销售电话：010—67004422　传真：010—87155801
http://www.c-textilep.com
E-mail:faxing @c-textilep.com
中国纺织出版社天猫旗舰店
官方微博http://weibo.com/2119887771
北京博海升彩色印刷有限公司　各地新华书店经销
2016年4月第1版第1次印刷
开本：787 × 1092　1/16　印张：10.5
字数：149千字　定价：48.00元

国际名模录

主　编　皇甫菊含
副主编　冯阿鹏
　　　　岑晓园

服装表演专业指定用书
70年间国际超模的发展记录
世界知名品牌的形象代言历程

中国纺织出版社

前言

流行与时尚有没有学术

——为《国际名模录》而作

皇甫老师从事高校模特教育二十余年，可以讲是我国第一代模特高等教育的先行者和探索者。然而，二十多年过去了，高校模特学历教育走过了蹒跚学步的初创期和如火如荼的辉煌期，当下的模特高等教育似乎处在非常尴尬的徘徊期。内心纠结的是，上级组织勉为其难让我还兼任了全国高校模特教育指导委员会的主任，在繁忙的学术研究与教学之余，对模特教育的反思时刻萦绕着我。一方面是设计教育家思量这个特殊专业的发展后劲，另一方面许多院校还在盲目地开设新的模特专业，培养目标和就业前景之间出现了背离。但是，有不少的俊男靓女趋之若鹜地追随着进入高校和成为名模的热梦，仿佛又说明这个专业存在的合理性。追溯这个专业的成长，苏州大学在1989年开创了我国模特高等教育的先河，这一新生事物嗣后又如雨后春笋般在全国各地开花。

写这个序，想到的是困扰我多年的关于时尚的学术问题。模特是时尚的衍生物，它和流行与时尚紧密相连。在高校时间长了，思考问题的方式总会有学术的逻辑思维。将时尚纳入学术的视野，有时也遭遇许多的障碍，我常常思考这是否会是一个伪命题？或许时尚本身不需要学术思考？但是，流行与时尚一旦进入文本的梳理，其背后的深刻含义和学术意义是不言而喻的。然而，声名显赫的文化学者刘梦溪在《大师与传统》一书中充满鄙视地说：“流行与时尚，应该与学术大师无缘。”他说这句话是相对于傅斯年、王国维和陈寅恪这些实至名归的学术大师而言的，我对他们深怀崇敬。但从中可以看出如刘梦溪这般的文化学者是看不起时尚与流行的应用性研究的。当然，我并不责怪刘梦溪他们，因为他们从不关心现实应用问题的研究，他们更多的兴趣在于解释已有的古代经典，沉浸在往日的文化辉煌之中。我藉此想说明的是，时尚作为一项现时性的研究，虽不能说它也会产生诸如陈寅恪这样享誉中外的学术大师，但流行与时尚也是事关一个社会是否有创造性的标杆之一，而且还是一门值得尊敬的研究科学。

我有相当长一段时间，热衷于设计评论，撰写的设计评论文章达70篇之多。而且，我和张蓓蓓合作，于2011年4月在重庆大学出版社出版了《服装评论》一书，对风花雪月式的时装评论做出了学术性的梳理。因此，我对模特和相关的时尚活动多有关注，并且参与了许多重大的时尚活动，对国际和国内的模特事业有一些认识。但是，囿于我学术研究计划和时间制约，我无法再深入地对国际名模做出归纳与总结。皇甫老师凭借她多年对国际名模发展流变的关注，花了大量的时间对其进行研究。她所从事的是当代时尚研究，可以说她的研究弥补了模特在设计理论和当代设计史研究中不被人们重视的不足，我赞赏她为此所做出的努力。

《国际名模录》从20世纪50年代开始，以十年为一个段落，分别从时代背景、审美特征和时尚潮流、著名模特等几个方面将最有代表性的国际名模进行了比较清晰的研究。而且，在每一个章节后面列出了思考题，让模特学生和时尚专业人员有进一步学习的兴趣，所以我认为这本《国际名模录》又不失为一本好的教材。特别是皇甫老师在最后一章专题论述了“走向国际的中国超模”，为中国模特的成长，以及为中国年轻模特如何走向国际提供了自己的思考，我相信所有这些将会对追寻模特梦想的年轻人提供启示。

时尚是时代精神的体现，模特美丽的视觉感受让人们的人生充满着希望，时尚又是激发人追求美好生活的动力，因为我们都为人类美好生活和艺术教育的理想而奋斗着。

李超德

苏州大学艺术学院教授、博士生导师

全国艺术专业学位研究生教育教学指导委员会委员

教育部高校美术类专业指导委员会委员

教育部高校纺织服装专业指导委员会委员

CONTENTS
目录

第一部分
20世纪50年代

“新风貌”（New Look）系列之一

1950s

传统美延续·战后新形象

一、时代背景

20世纪50年代，今天的人对那个年代可能不太熟悉了，但大多数人都知道在那之前发生了什么——第二次世界大战。第二次世界大战是人类历史上规模最大、破坏力最强的战争。“二战”之后的50年代是西方经济的恢复期。经过十年的发展，西方世界重新呈现出一派繁荣的新气象、新面貌。“衣食足而知荣辱”，在经济越来越好的情况下，人们有了盈余的财力用在消费上，对“衣、食、住、行”有了更多的愿景和追求。

在这样的背景下，巴黎的高级时装业也迎来了它的春天。战争造成的灰色阴霾再也不能掩盖人们对战前生活的美好记忆。带着对曾经美好的向往，巴皮埃尔·巴尔曼、迪奥、巴伦·夏加、捷克·法特、纪梵希、皮尔·卡丹、基·隆雪、伊夫·圣·洛朗等服装设计师们不失时机地推出高贵雅致的高级时装系列，将人们带回到了战前的华服时代。这些“新样式”时装激发了人们爱美的天性，勾起了人们对华服的渴望，也引发了人们潮涌般地追随，以不可阻挡的气势统领了20世纪50年代的世界服装界。1953年由美国派拉蒙公司拍摄的浪漫爱情影片《罗马假日》上映后，取得了巨大成功，奥黛丽·赫本因为该片获得了奥斯卡最佳女主角奖，而她在片中的表现和穿着的优雅服装更是获得万千民众的倾慕。电影明星在这个时代也再次成为引领服装流行的时尚先锋。

二、审美特征和时尚潮流

在20世纪50年代，人们理想中的女性之美，依然是西方自16世纪以来一直强调的、凸显胸、腰、臀部曲线的“S”型。巴尔曼和巴伦·夏加，就是这个格调的拥护者。为了塑造“S”型的女性躯体，曾经的紧身衣被重新利用起来，以烘托胸部的高耸和腰部的纤细以及臀部的圆翘，以现代的时装再塑了19世纪末20世纪初西欧贵妇那种雍容华贵的仪态。毫无疑问，这是战后服装设计上唯美主义理念的回归。经历了战争的摧残后，人们普遍有一种对战前生活的眷恋之情，迫切要求恢复曾经的繁华，拥有曾经的华丽。这是20世纪50年代人们在服饰上的普遍追求。那个时代伟大的设计师们及时捕捉到了这个普遍的心理，而适时地推出了令人们欣喜若狂的时尚设计。

新的设计突破在20世纪50年代初期就早已有了迹象，服装设计师们定期推出新的轮廓造型的时装。杰奎斯·菲斯、克里斯蒂安·迪奥和皮埃尔·巴尔曼被认为是“二战”后对高级定制时装最有影响力的三大设计师，在时装历史中的地位不可动摇。1947年2月，迪奥举办了第一个高级时装展，推出第一个时装系列——“新样式”（New Look），给战后百废待兴的时装界注射了一针强心剂。

20世纪50年代的*VOGUE* 封面　　模特珍妮·帕切特（Jean Patchett）1950年为*VOGUE*拍摄封面

这些拥有柔和的肩型、纤瘦的袖型、细腰窄臀的宽下摆长裙的“新样式”，优雅地强调胸部的丰满、腰部的纤细以及臀部的上翘，让女性的“S”型显露无遗，突出了女人优美线条，给刚刚经历了战争摧残，渴求声色的社会带来了新的风景。它彻底摆脱了战争中女兵和女工的制服式样，将曾经的柔美带到时代面前。这样的战后新形象一洗“二战”给人们内心带来的绝望和阴霾，让大家重新对生活充满希望和憧憬。当时的时尚杂志*HARPER'S BAZZAR*主编惊呼：“这完全是一场革命,真正的新样式!”这种新款式的时装，风靡了整整10年。

香奈儿在“二战”时关闭了多数的店铺，到1954年复出时，只剩下了香水一块领地。战后的第一场发布会在法国举行，香奈儿以一贯的简洁自然的女装风格，迅速俘获了巴黎时尚女人的心。短式的厚呢大衣、喇叭裤都是香奈儿战后时期的成衣设计，香奈儿传递着像男性一样自由的生活理念，时尚界又迎来了一场女性主义的革命。

模特是展示服装的“缪斯”。对于时装模特的美，人们还是一如几个世纪前那样，喜欢女性的第二性征美，喜欢“S”型这个永恒的曲线形。而在仪态上，仍然是欣赏女性的端庄、温婉、典雅和华贵；而这一时期，经过战争年代的历练和在社会工作中越来越多的参与，女性还格外添加了坚毅和自信，这就使得当时的模特有一种雕塑般的圣洁之美。于是，模特苏茜·帕克、朵薇玛、丽萨·弗萨格弗斯成为20世纪50年代最受欢迎和最活跃的时装模特，忙碌的T台也预示着高级时装黄金时期的到来。

可以说，19世纪以来的西方传统审美观仍然主导着20世纪50年代。在战后刚刚恢复元气的西方诸国，人们首先想到的是拥有曾经失去的美好，对传统美的延续和恢复是主旋律，而战后新形象则是对以往岁月的告别，人们正意气风发地迈向新的生活、新的时代。

美国摄影大师欧文·佩恩（Irving Penn）于1947年拍摄的“12位最上镜名模”（*Twelve Most Photographed Models*）

三、著名模特

(一) 苏茜·帕克 （ Suzy Parker ）

1. 个人档案

生日：1932年10月28日
国籍： 美国
出生地：纽约长岛
眼睛：蓝绿色
头发：褐色
身高：178cm
体重：53kg
三围：85—59—87cm
鞋码：39码
星座：天蝎座
喜欢的品牌：香奈儿（Chanel）

职业经历：

经母亲介绍加入福特（Ford）模特经纪公司，登上《生活》（*Life*）杂志，接到第一个珠宝广告

进入模特生涯的巅峰时期，成为香奈儿品牌的代言人，与可可·香奈儿成为好朋友

在美国版*VOGUE*杂志的战后特刊中，称苏茜·帕克是“战后美国面孔”

演绎杰奎斯·菲斯 (Jacques Fath) 舞裙

演绎杰奎斯·菲斯 (Jacques Fath) 时装

开始转向电影业发展，并学习摄影，参与演出电影:
1957年，《为我亲吻他们》
（*Kiss Them for Me*）
1958年，《弗雷德里克》
（*Ten North Frederick*）
1959年，《万事大吉》
（*The Best of Everything*）
1960年，《诡计圈》
（*A Circle of Deception*）

苏茜·帕克

（Suzy Parker）

苏茜·帕克代言香奈儿女装品牌

2. 星路历程

苏茜·帕克的妈妈多利安·蕾（Dorian Leigh）是当时很出名的模特，被称为“世界第一位超模”，苏茜是家里几个孩子中最小的一个，她的家人都长得很高。当苏茜15岁的时候，已经有178厘米高了，出落得标致动人，充满青春活力。她有着一双蓝绿色的大眼睛和褐色的头发，骨子里还透着一种高雅的气质，做模特的母亲介绍她进入了模特行业。

苏茜·帕克很快就登上了《生活》（*Life*）杂志的封面，拍摄了品牌珠宝广告。没过多久，她就成为了高级时装模特。苏茜的母亲给了她很多帮助，她将苏茜·帕克介绍给摄影大师理查德·阿维顿。理查德·阿维顿被誉为“走在20世纪20年代前沿的摄影家”、“最具影响力的摄影家”、“重新定义了时尚摄影的摄影家”。他的时尚摄影创造出了超级名模的时代，而此时的苏茜则成为了理查德·阿维顿的灵感“缪斯”。

苏茜·帕克成为了香奈儿时装品牌在20世纪50年代的形象代言人，她还被当时香奈儿的艺术总监贾克·海卢（Jacques Helleu）选为香奈儿香水NO.5的形象代言人，成为香奈儿品牌的缪斯女神。由此，苏茜·帕克与可可·香奈儿成为了很要好的朋友。

苏茜·帕克经典演绎过法国高级时装设计大师杰奎斯·菲斯（Jacques Fath）的时装，杰奎斯·菲斯的设计凸显着装者的优雅气质，正好与苏茜·帕克的气质相吻合，人与服装相得益彰。苏茜演绎杰奎斯·菲斯的服装均由时尚摄影师路易·达渥芙（Louise Dahl-Wolfe）拍摄，他们的合作可谓是珠联璧合。

苏茜·帕克拍摄的香奈儿香水广告

苏茜·帕克演绎杰奎斯·菲斯设计的舞裙

苏茜·帕克
（Suzy Parker）

苏茜·帕克为杰奎斯·菲斯拍摄的广告片

苏茜·帕克先后70多次登上世界著名时尚杂志的封面，包括*VOGUE*，*ELLE*等。她曾自信地说过自己是模特行业中最优秀的。确实，苏茜·帕克不只是衣架子，而是具有很好的内涵和素养。她是那个时代时尚的代表人物，也是第一个取得高酬金的超级模特。

苏茜·帕克不仅是美国20世纪50年代的名模，而且是好莱坞黄金时期的影星。1957年，苏茜进军好莱坞，拍摄了《滑稽的面孔》（*Funny Face*）、《恐怖屋》（*Dr. Terror's House of Horrors*）等电影，而奥黛丽·赫本主演的电影《甜姐儿》（*Darling Girl*）也是以苏茜·帕克为原型的。苏茜·帕克还在《粉红豹》（*The Pink Panther*）一幕里客串了一位时髦舞者，并戏称赫本为她的"好莱坞新闻界代言人"。

苏茜·帕克的第三任丈夫迪尔曼（Dillman）在1964年的一次车祸中丧生，从此苏茜·帕克再也未嫁，与家人隐居在美国加州，结束了她曾经辉煌的演艺生涯。她于2003年5月3日逝世。

(二) 朵薇玛 （Dovima）

1. 个人档案

生日：1927年12月11日
国籍： 美国
出生地：纽约皇后区
眼睛：棕褐色
头发：褐色
身高：175cm
体重：53kg
三围：86—60—89cm
鞋码：39码
星座：射手座

职业经历：

1949年 为*VOGUE*杂志拍片，进入模特行业

1955年 “与大象共舞”系列摄影作品使得她成为家喻户晓的超级模特

1957年 与奥黛丽·赫本一起参与拍摄电影《甜姐儿》（*Darling Girl*）

1962年 退出模特行业

1964年 参演影片
《戏院悬疑》
（*Kraft Suspense Theatre*）
《秘密特工》
（*The Man from U.N.C.L.E.*）
《火星叔叔马丁》
（*My Favorite Martian*）

朵薇玛

（Dovima）

2. 星路历程

朵薇玛是一位爱尔兰和波兰的混血超模。1949年的一天，朵薇玛碰到了*VOGUE*杂志的女编辑，朵薇玛高雅的气质立即征服了这位阅人无数的时尚达人，邀请朵薇玛去试拍样片。第二天，朵薇玛如约来到拍摄场地，当时负责拍摄的是*VOGUE*的著名摄影师欧文·佩恩（Irving Penn）。之后，朵薇玛开始在模特行业发展。仅仅一年时间，朵薇玛就成为福特模特经纪公司最红的模特。福特模特经纪公司老板杰瑞·福特评价说："朵薇玛是在这个复杂的时代中最富有神秘成熟气质的模特。"

朵薇玛也成为50年代迪奥先生掀起的"新风貌（New Look）"时装风潮的最有代表人物。

著名摄影师理查德·阿维顿盛赞朵薇玛是"这个时代最风华绝代的、前所未有的贵族气质美人"。理查德·阿维顿为朵薇玛拍摄的作品中，最著名的是黑白时装摄影作品——与大象共舞。

这幅作品刊登在*HARPER'S BAZAAR*杂志

著名时装摄影作品"与大象共舞"（*Dovima with elephants*）

“新样式”（*New Look*）时装

朵薇玛和奥黛丽·赫本在一起，1957年朵薇玛参与拍摄电影《甜姐儿》，与奥黛丽·赫本成为好朋友

（1955年8月刊）上，作品中，朵薇玛身穿1955年的“迪奥”晚装，在一群大象中间优雅转身，被惊为天人。作品受到了极大的关注，赢得了一致的美誉。时至今日，“与大象共舞”仍然是摄影作品中最上乘的佳作之一，而作品中的朵薇玛也成为50年代最优雅的典范。朵薇玛身上的礼服是伊夫·圣·洛朗（Yves Saint-Laurent）先生作为克里斯汀·迪奥（Christian Dior）的助手为迪奥品牌第一次创作的晚装。2010年底，迪奥品牌耗资84.1万欧元（约745万元人民币）买下了照片中的时装原作。

1962年，35岁的朵薇玛退出模特行业。不过，之后朵薇玛还是接拍过一些电视节目中的角色，直到1975年她才正式退休。

1990年5月3日，朵薇玛死于肝癌，享年63岁。

（三）丽萨 · 弗萨格弗斯
（Lisa Fonssagrives）

1. 个人档案

生日：1911年5月17日
国籍：瑞典
眼睛：棕褐色
头发：黑色
身高：170cm
体重：52kg
三围：86—58—86cm
鞋码：39码
星座：金牛座

丽萨·弗萨格弗斯

（Lisa Fonssagrives）

2. 星路历程

丽萨·弗萨格弗斯，原名丽萨·伯格斯特隆（Lisa Bergstrom），出生在瑞典，父母酷爱艺术，家庭的艺术氛围非常浓厚。幼年时期，她随着父母周游欧洲，去的最多的就是图书馆。后来父母将她送至柏林一所综合艺术学校学习，主修舞蹈。学成之后，她回到斯德哥尔摩做舞蹈老师。后来，在一位瑞典知名舞蹈家的引领下，她去了巴黎，并师从一位俄国舞蹈家学习芭蕾舞。长年浸润在舞蹈艺术领域，使丽萨有一种独特高雅的气质。

有一次，在公寓住所的电梯间，丽萨与一位为巴黎多家高级时装屋和时装杂志工作的摄影师偶遇，对方邀请她拍摄了一组表现帽子的时装片。后来，当她的丈夫将这组照片推荐给了*VOGUE*杂志后，她的命运发生了根本性的变化。*VOGUE*接受了这组照片，丽萨从此逐渐成为一名职业模特，陆续为一些时装杂志拍摄封面。而事实上，她的丈夫费尔南德·弗萨格弗斯（Fernand Fonssagrives）后来也成为一名优秀的光影魔术师。

费尔南德·弗萨格弗斯1910年出生于法国，父亲是雕刻家，母亲是音乐家，他18岁的时候去美国学习，21岁因为兵役又回到了欧洲。在加入了德国舞蹈公司之后，他认识了瑞典的年轻舞者丽萨·伯格斯特隆，后来她成为他的舞蹈伙伴以及妻子。

费尔南德和丽萨在欧洲生活了两年，他们生活的经济来源就是丽萨的艺术摄影照片。这些影像里的丽萨十分迷人，充满魅力的画面受到众多美编的追捧。丽萨既有舞者的文雅端庄，又有吸引人的美丽面庞，源源不断地给费尔南德以创作的灵感。

然而，各自的生涯道路及观念分歧导致丽萨和费尔南德的婚姻在1950年结束。丽萨成为时尚界的宠儿，费尔南德则厌恶了具有太强商业性的摄影，认为这样继续下去会限制自己的创造力。后来，他移居西班牙，开始自学雕塑，重新开始了自己的艺术创作。

丽萨对待拍摄非常认真严谨，为了展现出服装应有的风貌、传达出设计师的设计理念，她认真地观察、琢磨不同服装穿在不同人身上的状态。她会在镜子前反复练习，直到达成恰当的状态。她还学习摄影，研究光线的运用，研究不同布光下自己的脸将产生

费尔南德为丽萨·弗萨格弗斯拍的艺术照片

丽萨·弗萨格弗斯身着巴伦夏加礼服，1951年霍斯特拍摄

何种效果。高超的舞蹈修养使她的身体充满表现力，她的脖颈如白天鹅般的高贵，即使一个侧影或者背影她都力求优雅。她的双手拥有高超的演技，她曾拍摄过许多戴着黑手套的时装肖像照，甚至拍过只有双手入镜的摄影作品。

1930年至1950年间最有成就的摄影师都拍过她，丽萨后来就嫁给了其中一位——欧文·佩恩（Irving Penn）。她流传至今的很多具有划时代影响的优秀作品都是第二任丈夫欧文·佩恩所拍摄的。

欧文·佩恩，是20世纪最伟大的摄影师之一。从1943年开始，他为时尚杂志工作，拍摄过150多张杂志封面和不计其数的时装照片。从1947年拍摄静物开始，然后是三年不同凡响的肖像，到了1950年，他已经向世人证明他将会是一位世界级的艺术家，是艺术界未来的天才。他所拍摄的12位顶尖模特儿的群像，被认为是这一时代最为华丽的组合。而他与丽萨的结合，更是留下一段让人羡慕的奇缘。1950年，他的姓名已经被写入传播史的页面。他的作品虽然多为商业摄影，但是丝毫不失其艺术水准，是名副其实的将商业摄影和艺术相结合的典范。

丽萨·弗萨格弗斯（Lisa Fonssagrives）

1939年，摄影师欧文·布卢门菲尔德（Erwin Blumenfeld）曾为*VOGUE*杂志拍过一张照片：丽萨站在埃菲尔铁塔顶上，穿着勒隆（Lucien Lelong）的格纹散摆连衣裙，没有任何安保措施，舒展漂荡般地沉醉在巴黎上空。

丽萨一直活跃在《名利场》（*Vanity Fair*）、《城里城外》（*Town & Country*）和《生活》（*Life*）等杂志的封面、内页中，她的模特生涯一直持续到了40岁。

摄影师霍斯特则聪明地用她柔韧的身体组成了*VOGUE*杂志的标志——V字，形象生动富有立体感。

20世纪50年代中期，丽萨开始尝试设计服装，她的作品既被用在丈夫的广告拍摄中，也接受一部分私人定制。她后来甚至成为洛德泰勒（Lord and Taylor）的专职设计师，这段设计师生涯持续了6年。除了服装设计师，丽萨还尝试学习绘画，并在工作室中进行雕塑创作，而且都取得了不错的成绩，丽萨的多才多艺在模特界是罕见的。

四、思考题

（一）“二战”后世界经济的复苏对时装模特业有什么影响？这个时代的时尚行业有什么特点？

（二）20世纪50年代的模特们展现出高贵典雅的气质，有着雕塑般的美丽，为什么这样的美会成为模特的主流？

英国版*VOGUE* 1940年8月刊和1960年封面

丽萨·弗萨格弗斯在埃菲尔铁塔顶上演绎*VOGUE*杂志大片

第二部分
20世纪60年代

1960s

年轻风暴·反叛野性

一、时代背景

20世纪60年代，“二战”已经过去了十几年。在这十多年里，西方资本主义国家科学技术突飞猛进，物质文明高速发展，整个资本主义世界重新焕发了生机。从这个时代开始，年轻人逐渐成为时尚的主流。原因是多方面的，一方面，两次世界大战都不同程度上摧毁了旧的阶层，同时摧毁的还有旧的观念，包括审美观和价值观等。另一方面，年轻人成为西方发达物质文明的缔造者，他们创造了巨大的财富，并有相当一部分人成为富翁，他们有能力消费奢侈品。

时代在发展，伴随着“工具理性”对人类的侵蚀，人类在精神领域的反抗催生了截然不同的艺术思维，“后现代主义”应时而生。“后现代主义”一经诞生，便在年轻人中形成了强烈的风暴，它就是为这个时代的年轻人而生的。“后现代主义风格”在设计中注重人性化、自由化，体现个性和文化内涵，反对平庸和统一风格，它追求典雅与新颖于一体的大众设计，具有矛盾性、复杂性和多样化。

二、审美特征和时尚潮流

此时，20世纪50年代末期就开始出现的新思潮挣脱了传统审美思维的束缚，从地下以不可遏止的气势涌了出来，而首当其冲，影响最大的自然是“波普”艺术，它受到了年轻人的热烈追捧，并很快成为时代的主流。在“波普”艺术中，大众创造的都市文化成了现代艺术创作的最佳素材，艺术家们不得不充分重视他们所面对的都市商业消费文明，因为这些文明正是这个时代的时尚，艺术家必须去创作反映这个文明的艺术作品。

60年代是“年轻风暴”席卷全球的时代，此时的年轻人跟随“波普”艺术家们，开始向传统审美观挑战。在服饰穿着上，他们完全无视正统保守的着装原则及陈旧的服饰审美观念，力图冲破所有的服饰禁忌。于是，牛仔裤、迷你裙、喇叭裤、喷发剂、假发、假睫毛等服饰纷纷出笼，令传统人士大跌眼镜。当时这样的服饰风靡西方各国。

这完全是一个年轻人的时代，是20世纪最失控、最大胆、最狂妄、最不羁的年代。这是一个重生的年代、实验的年代。人们为太空时代的到来而振奋，所有的一切都带上了“未来派”的特征。60年代未来主义流派的标志性设计师有皮尔·卡丹（Pierre Cardin）、帕高·拉巴纳（Paco Rabanne）、鲁迪·简莱什（Rudi Gernreich）和伊夫·圣·洛朗（Yves Saint Laurent），而代表那个时代自由主义精神的超模们也随之诞生了：崔姬（Twiggy）、薇露西卡（Veruschka）、佩内洛普·崔（Penelope Tree）、劳伦·赫顿（Lauren Hutton）等，她们见证甚至引领着那个时代的时尚潮流。

60年代，超大的长外套和裤子套装开始流行起来。新艺术的浪漫主义风格以及街上像孔雀一样炫耀的鲜亮色彩，都慢慢将时尚推离了

英国模特崔姬登上*VOGUE* 1967年10月刊封面

安迪·沃霍尔（Andy Warhol）以玛丽莲·梦露肖像做的波普作品

它原来的运行轨迹，时尚开始了翻转旋涌之路。于1945年创立的赛琳（CELINE）法国奢侈品牌，在1967年发布了第一个成衣系列，并将它们命名为“高级运动成衣”（Couture Sportswear），这是一个首开先河的全新名称，在当时是同类产品中十分独特而极富创意的，它将巴黎女性高贵优雅和日常生活中轻松惬意的气质融合为一。很快，一系列独特的衬衫、百褶裙、针织衫和风衣成为赛琳（CELINE）成衣系列的主要标识。各大时装品牌都在表现着一种孩童般对未来和自由的天马行空的想象，而这个年代成就了一种短发大眼、又瘦又扁、充满小女孩天真无邪风格的模特，似乎也是一种必然。

三、著名模特

（一）崔姬（Twiggy）

1. 个人档案

原名：莱丝莉·霍恩比（Lesley Hornby）
生日：1949 年 9 月 19日
国籍：英国
出生地：英国伦敦
眼睛：蓝绿色
头发：棕色
身高：167cm
体重：41kg
三围：83—57—85cm
鞋码：38码
星座：处女座

职业经历：

拍摄了一组照片，并在《每日快报》（*Daily Express*）刊登，被评为“一张能代表1966年的脸”

推出了她的第一支流行单曲：《美梦如织》（*Beautiful Dreams*），到美国寻求发展

在纽约学习表演、歌唱与舞蹈课程

结束模特工作

作为演员的崔姬赢得两项金球奖：最佳女演员奖与最佳新人奖

成为电视节目的主持人，并开始出书撰写自己的回忆录

推出全新唱片《午夜忧伤》（*Midnight Blue*）

崔姬

（Twiggy）

2. 星路历程

1966年，伦敦，15岁的英国女孩崔姬在姐姐的理发店帮忙。有一天，她让发型师为自己剪了一头短发并染了颜色，然后穿着色彩鲜艳的衣服，坐公交车去一个年轻摄影师的工作室，为理发店拍摄橱窗展示照片。镜头里的崔姬很有趣：非常瘦，完全没有女人的玲珑曲线，像个小男孩。她的大眼睛上戴了三层假睫毛，对着镜头表现出一种受惊的表情。这一组独特的照片很快被《每日快报》（*Daily Express*）发现了，并被评论为“一张能代表1966年的脸”。

崔姬几乎没有女性的曲线，在此之前，没有人觉得这样的女性是美丽的，崔姬带来与以往截然不同的审美观，她被英伦媒体塑造成一个反叛的形象，成为所有想摆脱一成不变的家庭主妇生活的女人们的偶像——自由、个性，从此没有曲线的形象成为新一代职业女性的象征。之后，崔姬开始接拍一些杂志的封面和广告，她的面孔很快被大家熟悉，崔姬成为当年度最具知名度的模特，频频出现在各种报刊上，但是她不走秀，因为她身高只有1.67 米，体重只有82斤。

“一张能代表1966年的脸”

1967年登上法国版*VOGUE*杂志和《新闻周刊》（*Newsweek*）

17岁的崔姬还推出了她的第一支流行单曲。在英国大获成功之后，崔姬去了巴黎，成为*ELLE*、*VOGUE*的封面女郎。崔姬的成功很快从英伦小岛扩大到整个欧洲。

1967年，18岁的崔姬去了美国纽约。在美国崔姬甚至比在欧洲更加走红，几乎每个摄影师、每本杂志都想给她拍照，她的照片随处可见。她甚至在纽约推出自己的杂志《崔姬：她的摩登少女世界》（*Twiggy: Her Mod Teen World*）。

这个时候，崔姬作为平面模特，一个小时收费240美金，而同期的红模不过每小时40美金。这是时尚界第一次出现如此悬殊的同工不同酬现象，从而拉开了超级模特与普通模特之间的差距。

19岁的时候，崔姬决定终止模特生涯，并开始计划另外一种生活方式。她准备去做一个演员，为此她在纽约学习了一些表演、歌唱与舞蹈课程。在20岁时，崔姬正式结束了自己的模特工作，结束模特生涯，无疑是令人遗憾的，但值得注意的是，短短四年的职业模特生涯却使她成为20世纪60年代最有影响力的模特，成为那个时代的标志，这不得不让人感叹，她的出现如同一场审美的革命，彻底改变了人们对美的定义。崔姬那种没有曲线的、雌雄同体的形象风靡了那个时代的欧洲与美国，并且影响至今，她改变了人们对女性线条审美的观念，瘦弱的病态美成为一种审美趋势。而少女的单纯和稚气，则成为模特行业选择人才的一个标准。

1972年，作为演员的崔姬赢得两项金球奖：最佳女演员奖与最佳新人奖，这似乎说明她转行是成功的，但是不知道是什么原因，此后的崔姬就没有如此出色的表现了，在演了一连串的被遗忘的电影角色之后，这个曾经的时尚女神也逐渐回归所有女人都应经历的生活，开始结婚生子。

1977年，崔姬与一名美国演员结婚，1978年做了妈妈，有了一个女儿。幸福的三口之家没有持续多久，1983年丈夫因突发心脏病去世。痛苦过后，生活还是要继续，崔姬又回到舞台上，成为舞台剧演员。

崔姬
（Twiggy）

1988年，崔姬与一位英国演员结婚，并搬回伦敦居住。过了几年闲适的日子，她那颗不安分的心又开始蠢蠢欲动。1991年开始，崔姬成为谈话类电视节目的主持人，并开始出书撰写自己的回忆录。

2003年，崔姬推出全新的唱片《午夜忧伤》（*Midnight Blue*）。她出演英国最大的在线零售商马莎百货公司的广告。

她就是这样一位永远在追求进步，寻求突破的人。从来都没有让自己失去过目标。她从模特到演员再到歌手，经历了各种不同的尝试和挑战。生活对于她来说充满了丰富多彩的新鲜和刺激。

崔姬是改变了传统意义上的女性审美标准和模特身材标准的关键人物，她的着装及发型是颠覆性的，不仅于1966年至1970年风行一时，甚至影响至今。

提到60年代的时尚圈，崔姬绝对是绕不过的一个人物。事实上，她的影响力不只是在那个时代，而是延续到后来的几十年。她不仅是那个时代时尚的风向标，也是后来时尚发展的一个借鉴和参考，到了90年代，模特行列里又出现诸如凯特·莫斯这样的人物，不正是崔姬风格的回归或者说延续吗？

崔姬登上*VOGUE* 封面

（二）薇露西卡（Veruschka）

1. 个人档案

生日：1939年5月14日
国籍：德国
出生地：东普鲁士 柯尼斯堡
眼睛：蓝色
头发：黑棕色
身高：185cm
体重：55kg
三围：86—64—89cm
鞋码：40码
星座：巨蟹座
业余爱好：绘画、旅游

薇露西卡
（Veruschka）

2. 星路历程

薇露西卡1939年5月14日出身于普鲁士一个贵族之家。但是父亲因预谋刺杀希特勒而被处死，不久，母亲也被逮捕了。失去双亲的薇露西卡在盖世太保的集中营里度过了她本该美好快乐的童年。虽然战后得以和母亲团聚，但因父亲的刺杀行为，她们还是遭到了其他德国人的排挤，家境从此衰落。但是个性坚强的薇露西卡，从来都不悲观，她坚定地追求着自己的梦想。

长大后的薇露西卡钟情于艺术，她先后在汉堡和佛罗伦萨学习艺术。一次偶然的机会被星探发掘，来到纽约，成为了一名职业模特。但是，即使到了美国，艰难环境下养成的坚强个性依然没有改变，只与顶级设计师合作是她的原则。她总是用冷漠的表情与低沉的德国口音向设计师们宣称："我是来自德国、俄国与波兰边境的薇露西卡。我倒要看看你们能把我这张面孔怎么样！"投身时尚界后，薇露西卡一路顺风顺水，曾跟达利合作，巅峰时期日薪达到过10000美元。

她成功了，薇露西卡在那个年代几乎成为了一种神话。她不仅是各大设计师们的宠儿，甚至成为电影导演眼中的灵感女王。在那个时期，她与各种时尚大师合作，还加入了米开朗琪罗·安东尼奥尼拍摄了的影片《春光乍泄》（*Blow Up*）。

20世纪70年代早期她就放弃了模特生涯，因为她觉得自己不能仅仅作为美丽的衣架，像花瓶一样只是人们观赏的对象，她希望在时尚界有更大的影响力，于是她经过努力成为了《时尚》杂志的主编。她很喜欢主编的工作，因为它能够发挥她更多的能力，令她获得更大的成就感和满足感。直到1975年，她因为跟美国版*VOGUE*杂志主编格蕾丝·米拉贝拉的矛盾，从时尚界隐退。此后，就很少再出现在人们的视线了。

登上1968年12月美国版*VOGUE*封面

1965年薇露西卡在坦桑尼亚着barracano罩衣拍摄艺术片

因为薇露西卡是学艺术出身，对艺术有着独特的领悟力，她与艺术家也颇为投缘，他们能够在艺术的世界里找到更多的共同语言，相互激发灵感，很多艺术家都成为她的好朋友。

1967年于纽约拍摄时装大片

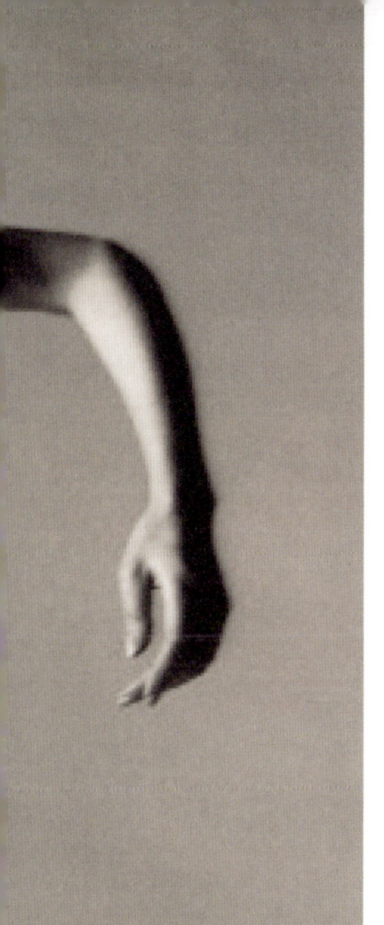

与时尚界的“老佛爷”卡尔·拉格菲尔德（Karl Lagerfeld）

她是首次尝试人体彩绘的人。“过去我一直都在模仿不同类型的女人，后来我厌倦了，就把自己画成了石头、动物。”这段话使薇露西卡更像艺术家而不像是模特。

70多岁的薇露西卡生活在布鲁克林，仍然是设计师们的灵感源泉，他们不仅从她的外形和气质上得到启发，还受到她本身的艺术气质的感染。薇露西卡也从事自己的艺术设计，不过她一直否认时装对她艺术设计的影响，还坦言自己特别厌恶迪奥与伊夫·圣·洛朗的设计。

虽然隐退时尚界很多年，但她对时尚界的影响却一直都在。现在这位奶奶级的超模，偶尔也会在名利场上露面。

（三）佩内洛普·特里（Penelope Tree）

1. 个人档案

生日：1950年4月28日
国籍：英国
出生地：伦敦
眼睛：褐色
头发：棕色
身高：168cm
体重：45kg
三围：84—58—86cm
鞋码：38码
星座：金牛座
喜欢的品牌：香奈儿（Chanel）
业余爱好：探险、旅游

职业经历：

摄影大师大卫·贝利为其拍摄的照片面世，成为模特界的新秀

成为摄影大师理查德·阿维顿的缪斯女神

成为*VOGUE*杂志模特

佩内洛普・特里
（Penelope Tree）

2. 星路历程

佩内洛普・特里于1950年生于一个富裕而传统的英国家庭，父亲是当地一个有名望的大富翁，母亲是政治圈中赫赫有名的政治活动家。出生在这样的家庭，佩内洛普・特里有条件接受最好的教育。然而，她从小就不是个乖孩子，非常有自己的想法，表现出不羁怪异的个性。

摄影师大卫・贝利在佩内洛普・特里13岁那年就发现了她，认为她有种特别的美，为她拍照并希望发表出来。但是由于她父母的强烈反对，一直到1965年15岁时，照片才被刊登出来，佩内洛普・特里逐渐成为大家熟悉的模特。

佩内洛普・特里在16岁正式进入时尚圈，成为摄影大师理查德・阿维顿的缪斯女神。17岁的时候通过一次派对，佩内洛普・特里遇见了*VOGUE*杂志的编辑戴安娜・弗里兰，成为*VOGUE*杂志的模特。

佩内洛普・特里成为60年代的超级模特，是因为她有着一种独特的引人入胜的怪异风格。佩内洛普・特里有着一张精灵般的精致脸庞，而且为了追求特别，她甚至把自己的眉毛剃了。个性的佩内洛普・特里还在房子里安装了UFO探测仪。这位特立独行的"火星少女"在当时和崔姬共同引领出一种新潮流和生活方式。

她怪异而又可爱，有着一副无辜又脆弱的容貌。作为一位模特，几乎每天都要面对镜头，然而，她总是一副默然的表情。这也是她的一种独特魅力。

1974年，厌倦了漂泊不定生活的佩内洛普・特里与大卫・贝利分手并且前往澳洲。她的

理查德・阿维顿 1968年1月于巴黎拍摄的皮尔・卡丹（Pierre Cardin）时装大片

理查德·阿维顿 1968年1月于巴黎拍摄的伊曼纽尔·温加罗（Emanuel Ungaro）时装大片

情感经历是波折不断，她先是嫁给了一位摇滚歌手，在离婚后她又再婚，并有了两个孩子。有了孩子之后的佩内洛普·特里，希望能够全身心地投入到自己的生活当中，做一个好妻子，好妈妈，于是逐渐退出了时尚界，回归到一个普通家庭妇女的生活。

在远离了模特圈近四十年后，她接受了《女性观察家》（*Observer Woman*）杂志的采访。当被问及她对流逝的青春有何感慨时，她说："仿佛一切都已经是过去的事了，但是我们还依然清晰地记得那时的岁月。"对于过往的岁月，像她这样经历过大红大紫辉煌的人，能够淡然视之，把它当作美好的回忆，时不时拿出来回想一下，这看来也是一种幸福。

佩内洛普·特里登上*VOGUE*杂志的封面

（四）劳伦·赫顿（Lauren Hutton）

1. 个人档案

生日：1943年11月17日
国籍：美国
出生地：南卡莱罗纳州，查尔斯顿
眼睛：蓝绿色
头发：棕色
身高：178cm
体重：53cm
三围：85—63—86cm
鞋码：39码
星座：天蝎座
喜欢的品牌：露华浓（Charlie）
业余爱好：旅游、潜水

职业经历：

1966年 登上美国版*VOGUE*杂志封面

1968年 出演《疯狂王牌高手》（*Paper Lion*）

1974年 接拍香水露华浓（Charlie）广告

1978年 出演《情挑洛杉矶》（*Welcome to L.A.*）

1980年 出演《美国舞男》（*American Gigolo*）

2002年 创建彩妆品牌

2010年 出演《模范家庭》（*The Joneses*）

劳伦·赫顿
（Lauren Hutton）

2. 星路历程

劳伦·赫顿1943年11月17日生于南卡罗来纳州查尔斯顿。曾就读于南佛罗里达大学和索菲·纽坎伯大学，是模特圈中少有的高学历。初出道时，她加入超模教母伊莲恩·福特（Eileen Ford）模特经济公司。几年以后，她在模特行业取得了巨大的成功，成为了当时最出名的时装模特、薪资最高的封面女郎和电视广告女郎。

她一共上过28次*VOGUE*封面，还登上过难以计数的各类杂志封面及内页。超高的曝光率在1974年为她赢得了价值40万美元的露华浓广告合约，从60年代开始，露华浓着手拓展海外市场，广告大多用美国模特，将“美国形象”推广到世界各地。1973年经典的露华浓（Charlie）香水问世，使得露华浓的知名度和影响力遍布全球。雇用劳伦·赫顿作为广告女郎的这个价格在当时也创了纪录，这使她成为当时收取代言费最高的模特。劳伦以其独特的气质在模特行业里获得更多的机遇，她曾代言过香奈儿5号。

劳伦是一个闲不住同时又很有自己的想法和追求的人。她非常努力，愿意尝试不同的工作和挑战。从60年代末，她在电影界崭露头角，在一些影片中出任主角，之后，与众多知名导演有过合作，进入70年代后，她的演技日趋成熟，获得大家的一致肯定，80年代她的代表作是电影《美国舞男》（*American Gigolo*），她在片中有出色的表演。劳伦·赫顿的成功转型，使她从一位超级模特变成了好莱坞实力派影星。

劳伦·赫顿从未停止过工作，涉及的领域也越来越广，她主持过名人访谈节目，还为著名的真人秀节目《天桥骄子》（*Project Runway*）当过评委。她能这样长期保持活跃，敬业和冒险精神是原因之一。她爱骑摩托车，1990年年初，骑车出游时遭遇车祸，导致腿部骨折、肺部穿孔，必须靠枴杖出行，即便如此，她还是坚持为*VOGUE*杂志拍摄，绑着石膏的她依旧是那么充满活力，甚至把枴杖也利用起来，当作那组大片的拍摄道具。

劳伦·赫顿为香奈儿5号香水拍的广告

劳伦·赫顿的成功不是偶然的，她非常珍惜每一次工作的机会，但是，她也有自己不变的原则。早年她做过《花花公子》（*Playboy*）杂志的兔女郎 。《好色客》（*Hustler*）杂志的创始人，“性书大亨”拉里·弗林特更以100万美元高价请她拍裸照，却被她拒绝了。她说，不希望自己的妹妹因为有一个拍裸照的姐姐而困扰。这就是她的原则。

“不要坐在家里等待机会，也不要把时间浪费在逛街上。如果别人说你必须为成名做这做那，就随时准备离开，别把模特这份工作太当回事，”这是劳伦·赫顿对后辈们的建议。

劳伦·赫顿非常崇尚自然状态的美，刚出道的时候她没有听取经纪公司的建议把自己的宽牙缝矫正，事实证明她是明智的，宽牙缝成了她的个人特色，是她的标识性特征，尤其是她的笑容，有宽牙缝的点缀，显得活泼生动。她毫不掩饰岁月在她脸上留下的痕迹，能够把自己的皱纹毫不掩饰地展露在镜头前。2002年她创建了自己的彩妆品牌，这是一款专为45岁以上的女人设计的化妆品，宗旨是让女人们不要把

登上了1973年6月刊美国版*VOGUE*杂志的封面

彩妆当作遮盖手段，转而大胆追求自然、健康、清透的面容。到2005年，这个彩妆品牌年销售额达到1740万美元。很显然，劳伦·赫顿还是一个成功的商人。她不仅为自己创造了财富，也使自己的人生更加丰富多彩。

已经过了60岁的劳伦·赫顿愿意把自己的自然状态的美丽展现给大家。她还出人意料地自愿为《爱》（*LOVE*）杂志宽衣拍照，已经是祖母的她希望以此唤起人们对自然状态身体的认同感。因此，她在2010年被《福布斯》杂志评为30位“全球最激荡人心的女性”之一。通过这些照片，劳伦·赫顿想告诉女人们变老并不是坏事，那是岁月写下的美好记忆，是最自然而原始的美。 事实证明，劳伦的自然美和她的达观，以及她的自信，让她在风云变幻的时尚圈一直都是一道美丽的风景。

四、 思考题

（一）“年轻风暴”的来临体现了怎样的社会状况和人们的心理状态？

（二）崔姬为什么会成为20世纪60年代时尚的？

アメリカン
ジゴロ
ジゴロ
ザ・セクシー
女は俺の時間!!
をエンジョイする
女性たちには
の心を知る男〈ジゴロ〉が
ふさわしい…
ンディが妖しく歌う主題歌〈コール・ミー〉に
リチャード・ギア
ローレン・ハットン
ヘクター・エリゾント
ニーナ・ヴァン・パラント
ビル・デューク

电影《美国舞男》宣传海报

第三部分 20世纪70年代

朋克风格的着装

1970s

自由激进·争奇斗艳

一、时代背景

进入20世纪70年代，全球经济格局发生了很大变化，美苏争霸进入第二阶段，美国渐渐处于劣势，战争造成了美国经济的巨大消耗，引起了美国人民强烈的反战情绪。经济矛盾剧增，同时，中东产油国大幅度提高石油价格，在内因和外因的作用下，导致了1973年“以美元为主导的布雷顿森林货币体系”彻底瓦解。美国陷入经济停滞与衰退，同时蔓延到其他国家，从而引发了大面积的经济危机，结束了资本主义世界长达二十多年的经济发展的“黄金时代”，与此同时，日本和苏联经济抬头，尤其是日本的经济高速增长，一直持续到20世纪80年代末。

此时消费已经超越了生存的需求，而进入一种追求纯享受的状态。西方的经济危机，美苏两个超级大国的冷战升级，导致了西方国家内部面临严重的社会危机。这样的危机直接导致了年轻一代的“虚无主义”、“反传统主义”和“无政府主义”的产生，并进而产生了“朋克主义”。在提倡随意和自由的同时，“朋克”具有激进的破坏性，而其破坏的目的在于重建。“朋克”的观念是将精神内在用神秘的视觉和听觉符号重新配置，这无疑会对视觉艺术造成很大的影响。20世纪50年代就诞生的“后现代主义”的影响力丝毫没有降低。作为“现代主义”内部的逆动，“后现代主义”对“现代主义”的“唯美主义”、“形式主义”和“精英主义”进行批判。它尊重一切世俗艺术存在的合理性，从而主张艺术风格的多样性。它注重生活本身，而不去探讨生活的“意义”或者“本质”，由此，导致一种存在即合理的自由个性的激进彰显，审美思维呈现出前所未有的包容度。如此，艺术风格上的多样统一自然也影响到了服饰艺术。这一时期的服饰艺术同样呈现出复杂多样的形态。

二、审美特征和时尚潮流

在复杂多样、自由激进的文化背景下，服装世界也发生着很大的变化。一方面，时尚界刮起了“朋克”（Punk）风，它带有一种强烈的革命意识、朋克服饰简单、鲜艳和街头，具有很重的金属感，和以渔网袜和狗链而闻名的各种夸张装饰。另一方面，童装风格的盛行。或是迷你，或是超长的裙子，成为两个极端的摇摆。除此以外，还有各种民族风、复古风的出现，形成了“自由多元，众美杂成”的时尚局面。越来越多的人不希望过于正统和规范，而更愿意随意和自由。因此，服装也转向自由化和多样化。对服装的普遍要求是穿着方便、适体和美观，颜色、款式要时髦新颖。可以说，20世纪70年代是时装承前启后的时代，20世纪60年代的嬉皮士时尚，20世纪80年代的迪斯科时尚，都在这十几年中融汇。

伊夫·圣·洛朗设计的女装

同时，在20世纪70时代，时尚中心的名号不再为高级时装的发源地巴黎所独有，随着各国经济的发展和人类消费欲望的增长，多元化时装中心的格局开始形成，继巴黎之后，纽约、伦敦、米兰、东京都成了全球瞩目的时尚地带。不同的时装中心，其主导的服饰风格也有差别，如米兰的实用、纽约的简约、伦敦的前卫、东京的黑色哲学等各具特色。

20世纪70年代许多设计师们开始尝试充满性感的设计，包括伊夫·圣·洛朗（Yves Saint Laurent）和赫斯顿（Halston）。他们的设计很好地诠释了那个充满情欲和性别差异的十年，而拍摄时装大片的导演都是大师级的，包括盖·伯丁（Guy Bourdin）、克里斯·冯·万詹海姆（Chris von Wangenheim）和赫尔穆特·牛顿（Helmut Newton）。服装和模特密不可分，使一件“款式造型”的服装不但对模特的身材有要求，而且对气质也有要求。此时的时尚女性在广阔审美视野的关照下，充满了自信。性感、高雅、智慧、古怪、诡异、端庄、豪放等多种气质并存，甚至黑皮肤的女性也开始登上时尚舞台。自信、个性同样让这一时期的女性敢于站在时尚的最前沿，用她们的穿着和行为把这个世界装扮的更加缤纷多彩。

喇叭裤及长裙

三、著名模特

（一）珍妮丝·狄金森（Janice Dickinson）

1. 个人档案

生日：1955年2月15日
国籍：美国
出生地：纽约，布鲁克林
眼睛：黑色
头发：棕色
身高：175cm
体重：52kg
三围：84—62—89cm
鞋码：39码
星座：水瓶座

珍妮丝·狄金森（Janice Dickinson）

2. 星路历程

珍妮丝·狄金森1955年2月15日出生在纽约布鲁克林，她的父亲有白俄罗斯血统，母亲兼有波兰、爱尔兰和日本血统，所以她是个典型的混血儿。珍妮丝从小就很漂亮，加上她非常个性而有着心直口快的性格，一直都是别人眼中的另类女孩儿。然而，这些却是她成为一名模特的有利因素，因为时尚圈需要新鲜刺激和富有个性的人。

事实上，珍妮丝自己本来没有想过要做模特的，一个偶然的机会，她开始涉足时尚圈，成为一名模特。珍妮丝·狄金森是个成功的模特，在20世纪70年代各大品牌争相聘用她，她也频繁登上时尚杂志的封面和内页。她对自己非常满意，因而无论何时都能保持一贯的自信。她曾经自娱是美国第一超模。虽然，多有争议，所谓“枪打出头鸟”，她免不了会成为众矢之的。但是，无可否认她的确是成功的优秀模特。

随着年龄的增长，珍妮丝·狄金森退出了模特行业，但是她并没有离开时尚圈。她拥有自己的模特经纪公司，做起了老板。曾四次担任“美国明日顶级模特（*America's Next Top Model*）”电视节目的评委。她还是“超级名模生死斗”第一季至第四季的评审之一。她的个性丝毫没有因为年龄的增长而改变，保持着一贯的直言不讳，对选手们的表现批评时丝毫不留情面，甚至让很多人的自尊心受到伤害。“毒

珍妮丝·狄金森登上*VOGUE*杂志的封面

珍妮丝拍摄的杂志封面

舌”珍妮丝无疑是时尚界里的大姐大，她曾这样说：“我走过了世上最难走的道路才成为一名模特，因此，如今我才有资格做我正在做的。”她的风格也是这个独特的圈子需要和欣赏的一种。

后来，她自己开创了一个以训练模特为主题的真人电视秀“*The Janice Dickinson Modeling Agency*”，在时尚界具有了较大的影响力。

珍妮丝拍摄的广告片

（二）伊曼·鲍伊
（Iman Abdul Majid）

1. 个人档案

生日：1955 年7 月25 日
国籍：索马里
出生地：索马里摩加迪沙
眼睛：褐色
头发：黑色
身高：178cm
体重：53kg
三围：86—62—89cm
鞋码：40码
星座：狮子座
喜欢的品牌：范思哲（Versace）、
　　　　　　卡尔文·克莱恩（CK）
业余爱好：服装设计、美容

职业经历：

到纽约做职业模特，代言豪斯顿和CK品牌

首登*VOGUE*杂志

参与拍摄迈克尔·杰克逊的单曲MV《记住那段时光》（*Remember the time*）

离开时装界，投入到化妆品生产的行业

开始从事服装设计

获得美国服装设计师协会颁发的“时尚偶像”奖

伊曼·鲍伊

（Iman Abdul Majid）

2. 星路历程

伊曼，于1955年7月25日出生在索马里首都摩加迪沙一位知名的外交官家庭，母亲是一位助产士，他们都是虔诚的穆斯林。她从小在外婆家长大，很小的时候就被送到寄宿学校，这些磨砺了伊曼坚强独立的个性。1972 年，索马里一场“革命”爆发了，伊曼全家被迫逃离，成为坦桑尼亚的难民，开始了颠沛流离的生活。生活环境虽然不好，但是伊曼一直都坚持学习。当伊曼还在奈洛比读大学的时候，被摄影师彼得贝尔德发掘了，她的独特肤色和气质有着不可取代的独一无二的魅力，他认为伊曼一定会是一名成功的模特。于是，伊曼在1975 年10 月15日被带到了纽约去当模特。而后，伊曼代言豪斯顿和CK品牌。

当时美国时装界在为运动休闲服装寻找合适的模特，因为黑色皮肤带给人非常强烈的视觉冲击力，所以，黑人模特成为一种时尚趋势。作为非洲裔黑人后代，伊曼很快就成为时装界的宠儿。在20世纪70年代中期成为美国第一位广受欢迎的有色人种模特。

她是时尚界首位进入超模行列的“黑美人”，她让人们认识到一种另类的原始的美是多么具有感染力和震撼力。可以说，伊曼的成功打破了白人垄断的T台表演风尚。

伊曼是*VOGUE*杂志第一位来自非洲的封面女郎。她的美征服了许多大师级的人物：时装界的泰斗级人物伊夫·圣·洛朗，大师范思哲和唐娜·卡伦都把她当成心目中的灵感女神。

伊曼是一位有自己想法的模特，她希望给观众传达出一种模特的内在气质。她在镜头前的表现力非常强，还可以把在镜头前的感觉恰当地运用在T 型台上。她善于展示不同类型和风格的服装，更主要的是她一直保持着自己独到的风格。《华盛顿邮报》赞美她是“乞力马扎罗山上的太阳女神”。《精华》杂志说：“她就像一件黑色的开司米羊毛衫，永远不会丧失风流”。她的魅力，打动了时尚界顶级摄影师。“她的皮肤极其迷人——能让衣服散发出一种白人女性无法表现出来的味道。”都南回忆道，“在T台上，她就是风尚的导航员，她不仅是个模特，她还是个演员，是个精灵。她比任何人都更知道该如何去表现一件衣服”。

1989年伊曼开始进军电影业。她演的角色有凯文·科斯特纳的《无处可逃》（*Nowhere to Run*）（1987）中的女模特；《星舰迷航6》（*Star Trek VI: The Undiscovered Country*）（1991）中的女宇航员；《逃离伊甸园》（Cage of Eden）（1994）中那个钻石窃贼，这些角色都没能给人留下什么印象。这段演艺生涯虽然没能让她获得更多的成就感，但却让她有机会结识了世界驰名的摇滚巨星大卫·鲍伊，他们最终结成连理。

伊曼还参加过迈克尔·杰克逊MV的拍摄。

伊曼当了14年模特之后，在她的声名达到最高峰的时候，1994年她选择离开时装界，投入到化妆品生产的行业。

伊曼开创了自己的化妆品生产线，专门为有色人种女性提供粉底。伊曼研发的化妆品很成功，现在已经成为了一个年收益2500万美元的品牌，拥有4大类产品，14个色系，价格从14.99美元的基本款起，在某购物网站上，它是卖得最好的化妆品品牌之一。“如果我是个模特，那么将来我死了并不能留下什么给别人。但如果我做化妆品那就不一样了。”这就是伊曼的想法。她希望自己的人生创造更大的价值。除了化妆品生意，热心慈善的伊曼还把钱投在非洲艾滋病慈善基金会上。

2007年，有人找伊曼合作服装设计、销售，开始她觉得这种工作应该由专业的人来做就一直拒绝，但是，最终她还是被说服了，开始设计服装。她找到了自己独特的时装款式——“卡夫坦”长衣，充满异域风情，饰有精美刺绣，款式宽松，不分大小码。她独到的眼光立刻引领了“卡夫坦”风潮。

另外，伊曼还做了两年“天桥骄子·加拿大辑”的主持人。她尝试了各种不同的工作，涉及不同的领域，但是她的时尚眼光和审美风格一直都被人们津津乐道。她于2010年6月，获得美国服装设计师协会颁发的“时尚偶像”奖。她不仅是那个时代的偶像，作为第一位有色人种

伊曼・鲍伊1991年在杰克逊的MV“*Remember The Time*”中扮演法老王的王妃

的超级模特，伊曼是时尚界一道永恒的风景。

“我为伊曼感到无比骄傲，她为有色人种女性打开了一扇门。”伊曼最好的朋友、前超模贝坦哈蒂森这样评价她的好友，“漂亮女孩儿进时尚圈，人人都觉得天经地义。但是不满足于仅仅当一个漂亮女孩儿，这才是伊曼与其他人最不一样的地方。她够漂亮了，也够成功了，可是她还是时时刻刻想着：我还能做点什么？要赶上这位时尚偶像的脚步，可真不容易。”所以，一个人成功不是平白无故的，不懈的追求和努力是走向成功的唯一途径。

VOGUE
ITALIA
ROMA ALTA MODA

伊曼・鲍伊登上1980年意大利版*VOGUE*和*COSMOPOLITA*封面

COSMOPOLITAN

r die Frau. International

as Sie über
e intimste
rperzone noch
cht wissen

e verdienen
eniger als der
llege?
s läßt sich
zt ändern

orgenstund hat
reit im Mund – so
rhindern Sie
n Frühstücks-Krach

laubstip '82:
o Sie garantiert zu
eit allein sind

ode: Christine

zunehmen

Interview mit
der Feministin
Betty Friedan: „Hört
auf mit dem Kampf
gegen den Mann"

Liebe geht durch
die Nase – auf
Ihren natürlichen
Geruch kommt's an

Zerrissen zwischen
Beruf und Familie?
Wie Sie sich
selbst helfen können

Er ist doch nur
der Freund –
wieso wasch' ich
seine Socken?

Kosmetik: Nur
zum

langer
Roman
ungewöhnl
enschicksal. Vor
Maria

伊曼・鲍伊拍摄的杂志封面

（三）卡罗·奥特（Carol Alt）

1. 个人档案

生日：1960年10月1日
国籍：美国
出生地：纽约，皇后街区
现居地：纽约长岛东威尔斯顿
眼睛：蓝色
头发：棕黑色
身高：176cm
体重：52kg
三围：86—59—86cm
鞋码：38码
星座：天秤座
喜欢的明星：哈里森·福特、芭芭拉·史翠珊、克劳德·豪斯
喜欢的品牌：兰蔻（LANCOME）、自己的护肤品牌（Raw Essentials）
业余爱好：读书、散步

职业经历：

1976年 加入Elite时装模特代理公司，开始其模特生涯

1978年 摘取了“芳容”与“世界上最漂亮的女人”两项殊荣

1980年 登上（*HARPER'S BAZAAR*）杂志封面

1984年 参与拍摄电影和电视节目：《恐怖食人鱼》（*Snakehead Terror*），《绝对震撼》（*Totally Awesome*），《石器时代》（*Homo Erectus*），《逃出亚马逊》（*Amazon*）

卡罗·奥特

（Carol Alt）

2. 星路历程

卡罗·奥特出生在一个纽约的六口之家，有一个兄弟和两个姐妹，她的姐姐是一名特体模特，母亲曾做过模特，受母亲和姐姐的影响卡罗也很喜欢模特行业。

16岁的时候，与精英（Elite）时装模特代理公司签约，正式开始其模特生涯。由于气质独特而美丽，卡罗受到所有服装师和摄影师们的青睐，刚一出道就成为大家追捧的对象，多次登上各大时尚杂志的封面及内页，比如

卡罗·奥特1982年登上《体育画报》（*SPORTS ILLSTRATED*）封面

卡罗・奥特登上意大利版*VOGUE*杂志1981年1月刊的封面

卡罗·奥特

（Carol Alt）

VOGUE、*ELLE*等。到1978年卡罗到了职业模特的巅峰时期，她摘取了“芳容（The Face）”与“世界上最漂亮的女人（The Most Beautiful Woman In The World）”两项殊荣，成为最炙手可热的超级名模，广告代言纷纷找上门来。

在演艺事业刚刚起步的时候，她又选择了重回学校攻读学位。这是她对自己人生的一次重新规划。随着时间的推移，卡罗越来越觉得知识的重要性以及对学习的渴望。所以，她毅然决然地选择回到校园读书。有很多人不理解，在事业马上就可能会有质的飞跃取得更大成功的时候选择离开，这不是很傻吗？事实证明，卡罗的选择是理智的也是正确的，她回到校园为自己充电，她的归来是华丽的转身。这个时候的卡罗除了外表的美丽更增添了文化修养和内涵，更加富有魅力。她做了非常成功的人生选择。

一个女人想要保持持久不衰的魅力不仅仅是靠漂亮的脸蛋，伴随岁月一起成长的心智，成熟的魅力更是加分的关键。卡罗是一位聪明的女性，她知道什么时期做什么事，有着非常清晰的职业和人生规划。

退出模特职业之后，她没有真正离开时尚圈。对时尚的深刻理解和独特见解，让她能够从事相关的工作。卡罗曾担任某模特比赛海选的主持工作，看着那些年轻漂亮的小姑娘，她想到自己当年追逐梦想的岁月。

卡罗是一个讲究生活品质的人，崇尚健康的饮食习惯，她是食用粗粮运动的推广者。她希望更多的人加入她的行列，为着更加健康和有益于身心的生活一起努力。她也没有放弃自己的事业，她拥有自己的护肤产品线“Raw Essentials”，是一位成功的商人，她在为自己创造财富的同时，把美丽和健康带给别人，有什么比这样的人生更好呢？

四、思考题

（一）有人说20世纪70年代是一个时尚轮回过渡的时代，为什么这么说？

（二）20世纪70年代是“朋克”风潮兴盛的时代，“朋克风格”对时装业和模特们有什么样的影响呢？

第四部分
20世纪80年代

1980s

性感靓丽·光怪陆离

一、时代背景

20世纪80年代，西方世界对经济危机的应对策略导致了两个后果，一个是消费娱乐业的发展；另一个是东方国家尤其是日本逐渐成为仅次于美国的世界第二大经济强国。这两方面的影响从20世纪70年代就开始了，到20世纪80年代到达了一个高峰。在美国，传统的经济增长点不在，社会的大量资金涌向了娱乐消费行业，新大西洋赌城、娱乐场、豪华的度假酒店，与此同时为了刺激经济的发展，投机盛行、金融管制全面放开，国外货币的大量流入为狂热的投机提供资金，民众透支抢购住宅、汽车等所有能够购买的物品，新的消费观念改变着人们的生活。从20世纪60年代开始，美国逐渐成为世界当之无愧的时尚潮流中心，这样的消费观念自然也改变了整个世界的时尚面貌。

日本的高速发展在20世纪80年代末达到了顶峰，东京的所有房地产的总价足以买下整个美国。和日本一起发展起来的还有“亚洲四小龙”，而刚刚开始改革开放的中国经济也取得了巨大成就。物质上的极大丰富促进了亚洲地区整体的时尚消费，紧跟全球时尚的浪潮并进。整个世界都呈现出一幅光怪陆离的景象，充满了多样性。

二、审美特征和时尚潮流

20世纪80年代，所有流行事物的艺术设计都呈现出多样性的特点，服装设计更是如此，宽松式、超短式、“朋克”装等都在此时的女装设计上缤纷绽放。混搭成风，尤其是年轻人，扮“酷”成了不约而同的追求。一方面极尽奢侈和铺张，雍容华丽的晚礼服刮起了“民族风”，另一方面，又在流行破洞牛仔装，标语T恤，这样简单个性的装束。甚至，内衣外穿的风格也逐渐被人们接受。另外，很多中性风格的服饰很受欢迎。而那些更加注重生活品质和健康的人们，运动越来越成为他们生活中不可缺少的部分，于是，健身紧身装也有相当的市场。

这个时代是服装大牌们纷纷崛起的时代，香奈尔、阿玛尼、范思哲、唐纳·卡兰和CK品牌等都在这十年里取得了惊人的成果。服装业的繁盛也催生了超模时代的来临，包括辛迪·克劳馥、克劳迪娅·希弗、纳奥米·坎贝尔和琳达·伊万戈琳斯塔，还有克里斯汀·杜林顿。正是这五大超模见证了那个真正属于“超级模特”的时代，一个模特锋芒直逼好莱坞女明星的时代。

在色彩感上，20世纪80年代开始向着明亮的色调转化，喜欢明亮的色彩，喜欢光辉灿烂。性感美再一次回到大众的视野，健康、阳光、性感的模特是人们愿意看到和欣赏的。在充满各种风格和个性争奇斗艳的时代里，模特们占据着主要的位置，是时代的主角。浓艳夸张的妆容、光怪陆离的气氛，鲜明的垫肩和窄管裤，带点中性的帅气却又性感无比，这些都是鲜明的80年代的轮廓。人们对品牌追求越来越明显，品牌成了地位的象征。时尚潮流逐步开始由各

20世纪80年代的服装展示

大名牌时装的设计来引导，登在各大时尚杂志上的名模成了人们穿衣打扮的追逐偶像。

作为时尚消费品的服装，尤其是名牌服装引起了空前的关注，这个时期日本的一些设计师们开始带给时尚界来自东方的惊喜。这也自然地促进了模特业的发展。经济的全球化，日本的崛起让模特的影响扩大到全世界，尤其是刚刚开始改革开放的中国。一些模特如辛迪·克劳馥逐渐成为全球闻名的美人和名人。也正是在20世纪80年代，中国也诞生了第一批真正意义上的时装模特。

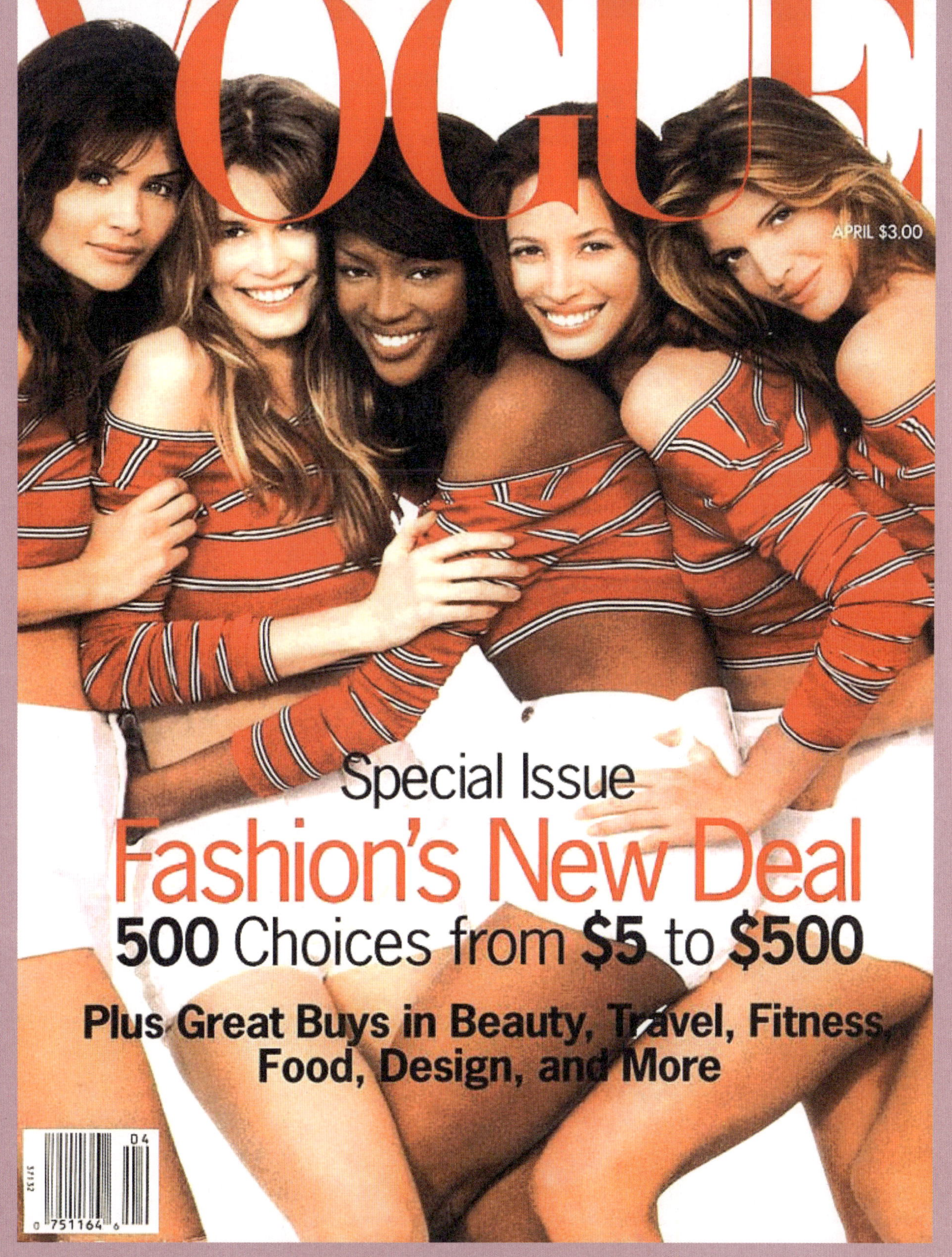

"五大超模"登上*VOGUE*杂志的封面

三、著名模特

（一）辛迪·克劳馥（Cindy Crawford）

1. 个人档案

生日：1966年2月20日
国籍：美国
出生地：伊利诺伊州，德·卡布尔
现住址：纽约、洛杉矶
眼睛：深褐色
头发：浅褐色
身高：177cm
体重：59kg
三围：86—58—84cm
鞋码：42码
血型：A型
星座：双鱼座
喜欢的明星：詹姆斯·邦德
喜欢的品牌：范思哲（Versace）洛伊（Chloe）普拉达（Prada）古琦（Gucci）
业余爱好：健身、跑步、哑铃

职业经历：

1982年 一个小报记者偶然为她拍的照片，使她开始做起了模特

1986年 去纽约发展，第一次登上了顶尖时装杂志*VOGUE*的封面

1988年 给*PLAYBOY*拍裸照

从1993年始 为百事可乐公司代言电视广告

从1994年始 为美国最大的音像制品租售公司（Blockbuster）做代言

1989-1995年 出演电视剧集《主流风尚》（*Hoste of Style*）

1995年 以电影《公平游戏》（*Fair Game*）踏入大银幕

2008年 为美国时尚杂志《密歇根大道》（*Michigan Avenue*）拍摄了08秋季号期刊的封面以及内页照片

辛迪·克劳馥

（Cindy Crawford）

2. 星路历程

辛迪·克劳馥于1966年2月20日出生于美国伊利诺伊州的一个蓝领家庭中。普通的家庭环境，使得她从小就懂得人要自立自强。16岁那年，她趁着假期靠剥玉米的临时工作来赚钱，偶然被一个本地小报记者发现，为她拍了张照片。照片拍出来的辛迪·克劳馥是一个清秀美丽的纯美国女孩形象，刊登以后，该报纸的发行量大大增加。辛迪由此看到了人生的另外一种可能——做模特。她干脆辞掉了剥玉米的工作，整个夏天就去做模特。

辛迪是个勤奋刻苦的女孩儿，学习成绩非常优秀。中学毕业后，她进入美国西北大学化学工程系学习，但是不到一个学期就主动辍学，因为她越来越知道自己想要的生活是什么样的。于是，她决定离开校园，开始了职业模特的生涯。

1986年辛迪在芝加哥已经非常有名气了，但是为了有更好的发展空间，她决定去纽约发展。那一年她第一次登上了顶尖时装杂志*VOGUE*的封面，之后发展顺风顺水。

到纽约不到两年，辛迪·克劳馥就成了一名真正的超级名模。她在一流的服装展示会上走T型台，给一流的杂志做封面，出席一流的派对，还曾为露华浓、欧米茄拍摄广告片。她的成功和她的勤奋努力的个性是分不开的。

1988年她又做出一个大胆的决定，成了第一个给《花花公子》拍裸照的超级名模。之后，她的名气越来越大，很多人纷纷找上门来谈生意，其中包括“MTV”的总裁。他雇了辛迪·克劳馥主持时装电视节目，一做就是六年。事实证明，辛迪不仅是个优秀的模特，也是出色的节目主持人。

明确自己追求的是什么样的生活，明白自己什么时候该做什么事。辛迪一直都是很有目标的人。考虑到自己结束模特生涯后的生活，她很早就有计划和打算。一直努力往更加宽广的空间寻求发展，并不断突破。她从1993年开始一直为百事可乐公司代言电视广告，从1994年开始为（Blockbuster）视频公司做代言，在1989年至1995年间，还出演过《主流风尚》（*Hoste of Style*），声名远扬。1995年她以《公平游戏》（*Fair Game*）正式踏入大银幕。同时还推出她自己品牌的化妆品。她还出了一本书，叫做《辛迪·克劳馥的基本面孔：化妆要领》。

2008年42岁“高龄”的辛迪·克劳馥重出江湖。她为美国时尚杂志《密歇根大道》（*Michigan Avenue*）拍摄了08秋季号大刊的封面以及内页大片，这次拍摄的风格走奢华优雅复古路线，据说这组大片的灵感来自于电影大片《红磨坊》中的歌曲。虽然展现给我们的是身穿高级华丽晚礼服的辛迪，但她看起来依然洋溢着青春活力，还是那么神采飞扬，光彩照人。此外，她还在法国版*VOGUE*杂志11月刊中，半裸亮相拍摄性感大片。辛迪永远都是明确自己想要的生活，自己的价值在哪里，所以总是能在关键的时刻做出正确的选择，这也是她能一直成功的原因之一。

辛迪·克劳馥在时装界一直是一个精明的女强人，最可贵的是她还保留了她中西部美国人的纯朴、谦逊和善良的本性。她曾捐款巨额给慈善事业机构。一个记者在她的专题文章《模特：做美丽女人的丑恶生意》里曾经说：“在时装界里没人是完美的，不过辛迪·克劳馥从人品和成就上是最杰出的一位模特”。无论是在模特领域，还是作为一位成功女性和完美妈妈的角度，辛迪都是我们学习的榜样。

主持过健身类节目的辛迪，对日常保养很有自己的见解。她主张简单、健康的生活，每天喝大量白开水，吃均衡有营养的食品，非常注重营养搭配。而且不管工作多么紧张繁忙，她每天都坚持一小时以上的形体训练。一切有氧运动都是她喜欢的，特别是哑铃操，因为对场地、身体要求比较宽松，又可以自由调节哑铃对身体施加的负重，特

辛迪登上*VOGUE*杂志封面

别是能够根据自己的身体状况来制定运动计划。她也很注重皮肤的护理，在室外的时候一定勤抹防晒霜。另外，关于美腿辛迪也有她的秘诀，每次洗澡时都会用少许减肥盐在脚踝和小腿部位进行按摩。为了缓解脚部疲惫经常泡脚，这对美腿也大有益处。辛迪·克劳馥会听从整形医师的建议使用一些注射类手段，曾经尝试过注射肉毒素，但她是浅尝辄止。她倒是挺支持整形的，认为女人到了一定年龄，为了追求完美肌肤，可以尝试整形手术，但是也要承担风险。她保持美丽健康的最大的秘密武器就是坚持健身，严格保证高蛋白的饮食。

辛迪・克劳馥为欧米茄（OMEGA）拍的广告

印度版*VOGUE* 2010年10月刊杂志大片

辛迪·克劳馥写真大片

（二）克劳迪娅·希弗（Claudia Schiffer）

1. 个人档案

生日：1970年 8月25日
国籍：德国
出生地：莱因伯格
眼睛：蓝色
头发：金色
身高：180cm
体重：58kg
三围：90—62—91cm
鞋码：41码
星座：处女座
喜欢的品牌：瓦伦蒂诺（Valentino）
爱马仕（Hemes）
业余爱好：种植、读书、网球、骑马、跳舞

职业经历：

1987年 被模特经纪公司的经理发现，进入模特行业

1990年 美国《人物》（*People*）杂志评为“世界上50位最漂亮的人”之一

1991年 再次被美国《人物》（*People*）杂志评为“世界上 50 位最漂亮的人”之一

1995年 被法国的畅销杂志《巴黎竞赛》（*Paris Match*）评为“世界上最美丽的女人”

克劳迪娅·希弗
（Claudia Schiffer）

2. 星路历程

克劳迪娅·希弗，于1970年8月25日出生于德国一个天主教家庭，在四个兄弟姐妹中，克劳蒂娅排行老大，爱好网球、绘画和骑马。她从小就气质独特，因为个子高，走到哪里都像是鹤立鸡群，是大家关注的焦点。

17岁那年，年轻漂亮的克劳迪娅在家附近的一家迪厅跟朋友们聚会，被刚好也在那家迪厅的模特经纪公司的经理发现，他邀请克劳迪娅当职业模特，虽然克劳迪娅从来没有想过当模特，但还是动心了。模特经纪公司的负责人说服了希弗的父母，他们最终同意希弗进入模特行业。

很快，克劳迪娅的身影忙碌地穿梭在各大时尚场所，参加各种大牌的时装表演秀，其中包括香奈儿等世界顶级奢侈品牌，特别受到卡尔拉克菲尔德的青睐。

克劳迪娅·希弗的风格很特别，魅惑又偶尔带点孩童气质，她很懂得表现不同的设计，也能演绎出自己不同层次的个性。她的照片出现在所有时尚杂志的封面及内页。仿佛一下子，她的名字传遍了各个城市，她的面孔成为人们最熟悉的面孔之一。

努力的克劳迪娅·希弗在很短的时间就成为一个世界级超级模特，迎来她事业的高峰。1990年和1991年先后被美国《人物》（*People*）杂志评为“世界上50位最漂亮的人”之一。1995年，她被法国《巴黎竞赛》（*Paris Match*）杂志评为“世界上最美丽的女人”。 她与克里斯蒂·杜林顿、辛迪·克劳馥、纳奥米·坎贝尔和琳达·伊万吉利斯塔一起被誉为“世界上最伟大的超级模特”。作为世界上最流行的超级模特，

20世纪80年代*VOGUE*杂志封面

德国版*VOGUE*杂志2011年8月刊封面

克劳迪娅·希弗
（Claudia Schiffer）

自1987年步入娱乐界，克劳迪娅出现在超过500家时尚杂志的封面上，其中包括《名利场》《四海一家》《魅力》和《人物》等一线时尚杂志。她深受各大品牌的青睐，成为全球收入最高的模特之一。

克劳迪娅· 希弗同纳奥米·坎贝尔、克里斯蒂·杜林顿和埃莉·麦克弗森一起在纽约拥有一家名叫“时尚咖啡”(Fashion Cafe)的餐馆连锁店。

克劳迪娅还是一个有爱心的女性，她是乳腺癌的代言人，也是联合国儿童基金会的志愿者。这位从出道以来就一直洁身自好的超级模特，不仅是一位成功的职业模特，还是一位热心公益，怀有大大爱心的人。她不仅是模特们的榜样，也是所有渴望成功的女性的榜样。

作为国际超模，她的广告代言费高达600万美元。克劳迪娅·希弗继纳奥米·坎贝尔之后成为伊夫·圣·洛朗2009春/夏系列的代言人，她的表现是风采依旧不减当年，令很多人都非常满意。

克劳迪娅·希弗一直都被冠以“世界名模”“女神”“最美的女人”等头衔，她无疑是非常成功的模特。但是，她不觉得自己的成功靠的是“运气”，而“是你难以想象的敬业和自律。我每天都在工作，包括周末，而且从来不迟到。我把自己奉献给了工作，所以工作也不会辜负我。”希弗这样总结自己的成功。

事实上模特生涯对克劳迪娅来说是非常艰辛的。“我从来没有享受过走猫步的过程，因为我太害羞了。我总是很紧张。”很难想象这样一位超级模特的成功光环背后，她其实也是一个为了工作而克服自己的紧张心情，努力让自己表现完美的人。模特是她的职业和工作，为了达到设计师们的要求，她要花心思去想该如何表现，如何演绎。她可以说是个模特行业里的工作狂人。

工作或许没有给她带来足够的乐趣，却给她带来很多的财富，她的付出也是值得的。希弗一直能够保持健康靓丽，是因为她有着健康的生活方式。她从不吸烟，到28岁因为工作的需要，她才开始喝葡萄酒。但是，她也是浅尝辄止的，从来都没有喝醉过。因为她要时刻保持清醒的头脑，好让自己在变幻莫测的时尚界分清是非对错，做出正确的选择，坚持走自己的路。她认为现在的时装界就像电影界、音乐界一样充斥着太多的不清醒。所以，成为一位公认的时尚界最光彩夺目的明星，不是那么容易的，而她做到了。

香奈儿（Chanel）2011秋冬眼镜广告大片卡尔·拉格菲尔德（Karl Lagerfeld）设计

MUSE

The Fashionart Magazine

I, CLAUDIA

登上*MUSE*封面

ISSN 1974-633X
76

BILINGUAL WITH ENGLISH TEXT

GUESS广告片

（三）纳奥米·坎贝尔（Naomi Campbell）

1. 个人档案

生日：1970年5月22日
国籍：英国
出生地：伦敦
现住址：纽约
眼睛：黑褐色
头发：黑褐色
身高：178cm
体重：53kg
三围：86—61—86cm
鞋码：40码
星座：双子座
喜欢的明星：迈克尔·杰克逊
喜欢的品牌：范思哲（Versace）
业余爱好：旅游、拳击

职业经历：

被精英（Elite）的星探看中，并开始发掘她

以一组可爱的照片一炮而红，开始了模特生涯

登上法国版和英国版*VOGUE*和《时代周刊》（*Time*）杂志封面

出演电影《冷若冰霜》（*Cool as Ice*）、《在密室中》（*In the Closet*）

出演电影《纽约夜月情》（*The Night We Never Met*）

出演电影《云裳风暴》《*Ready to Wear*》

出版专辑《小妇人》（*Baby Woman*）

出演电影《6号女郎》（*Girl Six*）、《侵犯隐私》（*Invasion Privacy*）

纳奥米·坎贝尔

（Naomi Campbell）

2. 星路历程

生于1970年5月22日的纳奥米·坎贝尔，有着不怎么愉快的童年。父亲早丧，纳奥米与以跳舞为生的母亲相依为命。受母亲的影响，纳奥米从小学习芭蕾，10岁的时候，她就进入英国最著名的艺术学校ItaliaContiStage School学习古典舞。

15岁的时候，还是学生的纳奥米正在街头闲逛，正巧被Elite模特经纪公司的星探看中，从此她开始做了一名模特。由于从小学习舞蹈，她的体型比例很好，非常匀称，四肢修长，肌肉线条明晰而紧密，就像一头蓄势待发的猎豹，充满野性美。16岁的时候，她以一幅清纯可爱的照片而一炮走红。随即开始了她的职业模特生涯。

1988年成为第一个上法国《时尚》杂志（*French VOGUE*）和英国《时尚》（*British VOGUE*）和《时代周刊》（*Time*）杂志封面的黑人模特。纳奥米的知名度越来越高，上过几乎所有时尚杂志的封面及内页，她很快就展露出超级模特的态势。

纳奥米还以旺盛的精力投入到模特工作以外的行业中去，比如，影视业、出版业、唱片业等。她相继参与拍摄影片《火种》（*Quest for Fire*），与迈克尔·杰克逊合拍《在密室中》（*In the Closet*）。还做过电视节目*the Cosby Show*的嘉宾。在影片《冷若冰霜》（*Cool as Ice*）中则扮演一名歌手。参与乔治·迈克的电视节目《自由》（*Freedom*）。另外，还参演了许多影片，如《迈阿密狂想曲》（*Miami Rhapsody*）、《6号女郎》（*Girl Six*）、《侵犯隐私》（*Invasion of Privacy*）等。杂志《名模》（*Top Model Magazine*）为其发行专刊。此外，早在1995年，纳奥米已经出版了她的首张专辑《小妇人》（*Baby Woman*）。多才多艺的纳奥米·坎贝尔还在法国拍摄了个人传记片《一个超级名模的奇迹——纳奥米·坎贝尔》，并出了一张CD和两本书，还与人合著小说《天鹅》（*Swan*），出过一本时装画册，开了自己的服装店。她尝试挑战了很多领域，都取得了成功。

她是第一位成为《时代周刊》（*Time*）杂志封面的黑人模特，是20世纪90年代五大超模之一。毫无疑问，她是众人倾慕的对象，是一位名副其实的媒体明星。她的美丽，不再是传统中人们认为的那种“黑人的美丽”，而是早已经超越了种族和肤色的永恒的美丽。

她在舞台上的表演有一种自然流淌的感人元素，她不是一枝在春风中摇曳的花朵，而更像是一只动作敏捷的，飞奔驰骋于非洲大草原的猎豹。她在甜腻的模特步伐里加入了一点点劳动者的淡定，以及自信、慵懒和随意。表现出一种不可复制的独特魅力。

身着香奈儿时装首次出现在1987年12月刊的*VOGUE*杂志封面

VOGUE
DEUTSCH
10/94
OKT.
DM 11,–
SFR 11,–
ÖS 88,–
HFL 14,–
LIT 14 000
FF 57,–
£ 5.50
$ 12.95
C 9302 E
NEUER STIL DER ERFOLGS-FRAU
EXTRA: ACCESSOIRES-WICHTIG WIE NIE
(DAS HEFT IM HEFT)
BRUST-KREBS: EINE BILANZ
PELZE
FALSCH ODER ECHT?
MAKE-UP: SCHOCK DER FARBEN
ZÄRTLICHE ZWÄNGE: IM CHAOS DER GEFÜHLE
15 JAHRE VOGUE: DIE STERNSTUNDEN
COMAG £5.50
VOGUE GERMAN
10
9 770176 610013

纳奥米·坎贝尔登上*VOGUE*杂志封面

纳奥米·坎贝尔

（Naomi Campbell）

更让人称道的是纳奥米非常热心于公益事业，她将自己服装店的销售利润全部捐助给红十字会索马里救援基金会，并且出资在她的精神故乡牙买加建立了幼稚园。纳奥米·坎贝尔还与克劳迪娅·希弗等名模共同发起和经营了一家“时尚咖啡店”（Fashion Cafe），轰动一时。

她在服装界开创了一个全新的纳奥米时代。纳奥米·坎贝尔不仅是世界新女性的成功典范，也是深受大家喜爱，传播真与善的美丽使者。她敢想敢做，知道自己需要什么，也知道该怎样去赢得自己想要的生活，她的勇气和她的美丽都令人刮目相看。

在纳奥米的超模之路上，她接触过许多大师，但给她最大帮助，与她交情最为深厚的始终是阿兹丁·阿莱亚(AzzedinAlaia)和范思哲(Versace)兄妹。

服装设计师阿兹丁·阿莱亚是纳奥米的伯乐，是他最先发现纳奥米与众不同的步态，并开始重用她。认识她之后，阿莱亚的创作均以纳奥米为蓝本，为这位模特倾注更多的心血。而纳奥米则亲昵地叫阿莱亚“爸爸”。这样好的关系在设计师和模特之间是不多见的。詹尼·范思哲则是将纳奥米捧上事业顶峰的人，是他发现了纳奥米内在的野性美，并让纳奥米发挥出来，与自己的服装相映生辉。詹尼·范思哲死后，纳奥米回忆道：“11年来，范思哲的时装表演我没错过一场。我永远也不会忘记范思哲对我事业和我个人生活慷慨无比的支持。”感恩的心情表露无遗。虽然纳奥米·坎贝尔的坏脾气和她的成就一样出名，但是她对恩人们一定是崇敬和怀念的。

“特立独行”几乎是所有杂志给纳奥米的评论词，而暗含的潜台词则是“臭脾气，不良行为”。可她作为一名模特的成功却是毋庸置疑的，至今还没有任何一位黑人模特的成绩能与她相比。

纳奥米T台风采

（四）琳达·伊万戈琳斯塔（Linda Evangelista）

1. 个人档案

生日：1965年5月10日
国籍：加拿大
出生地：安大略省，圣·凯瑟琳斯市
眼睛：蓝绿色
头发：深棕色
身高：177cm
体重：55kg
三围：86—61—89cm
鞋码：41码
星座：金牛座
喜欢的品牌：卡尔文·克莱恩（CK）
香奈儿（Chanel）
业余爱好：运动、旅游、养宠物

琳达·伊万戈琳斯塔
（Linda Evangelista）

2. 星路历程

琳达·伊万戈琳斯塔从小就是个漂亮的小女孩儿，她的美丽是公认的，她自己也非常清楚这一点。于是，很小的时候她就立志要出人头地，让更多的人看到自己的美丽。随着年龄的增长，她逐渐喜欢上模特行业，梦想着自己有一天成为一名超级模特。

因此，她报名参加了Elite模特经纪公司在加拿大举办的选美比赛。这次选美，是琳达人生的一次大的改变，她对自己很自信，表现得也相当完美。之后，星探将她的资料带回Elite公司，向卡萨布兰卡斯推荐她。卡萨布兰卡斯亲自飞到多伦多对她进行面试，这令琳达受宠若惊，卡萨布兰卡斯对她非常满意，随即请她加盟Elite，琳达欣然答应。

后来，琳达来到了巴黎马瑞的Elite公司。她舒展自如，保持着她一贯的自信。她的气质深深地打动了马瑞，所以，马瑞经常带着她出席各种高级场所，并专门邀请自己的好友彼得·林柏为琳达拍照。彼得是一流的摄影师，很快就使琳达的照片出现在意大利版*VOGUE*、《美丽佳人》等重要的时装杂志上。从此琳达走上了超级巨星之路！

经过了几个月的工作，琳达在时装界超级巨星的地位已相当稳固，成为毋庸置疑的明星。为更多的杂志拍摄封面，参加各种服装表演秀，同时，获得更加高的薪酬。在这期间，琳达结识了克里斯蒂·杜林顿和纳奥米·坎贝尔。在琳达的怂恿和劝说下，纳奥米和克里斯蒂加入了巴黎的Elite公司。在当

琳达登上*VOGUE*杂志封面

琳达·伊万戈琳斯塔
（Linda Evangelista）

时都是时尚红人的三大名模的合璧，的确让其他公司叹为观止。琳达·伊万戈琳斯塔是当时称为五大“超级名模”之一，另外四个是：辛迪·克劳馥、克劳迪娅·希弗、纳奥米·坎贝尔和克里斯蒂·杜林顿。

琳达·伊万戈琳斯塔被《人物》（*People*）杂志选为了“世界上50个最漂亮的人”之一，在1996年，还被授予VH1时尚大奖的终身成就奖。她是经常上*VOGUE*杂志封面的模特之一。她所代言的时尚品牌有：Calvin Klein，Chanel，Dolce & Gabbana，Donna Karan，Gianni Versace，Jil Sander，Jones New York，Pizza Hut Cheezy Crust Pizza，Valentino，Versace，Yves Saint Laurent等。

盛极则衰，这是事物发展的规律。琳达的超模之路走到后来，也逐渐平淡下来。她也深知模特生涯的短暂，随即开始考虑向其他方向发展，另谋出路。

尤其是进入20世纪90年代后，一种无可奈何花落去的感觉已悄悄袭上琳达的心头。好在，琳达是天生的“乐天派”，乐观而积极，离开时尚舞台，过起普通人的生活，她终于可以享受一下普通女人的自得生活。她喜欢到处走走看看，甚至到中国民间体验不同于她自己祖国的艺术和文化。

琳达参与创造了一个模特界的辉煌历史，从她开始模特的报酬越来越高，模特这个职业成为“最吸金”的职业之一。人们越来越关注这个与美丽最近的职业，更多的女孩儿羡慕这样整天与美丽华衣打交道的职业。

四、思考题

（一）20世纪80年代的模特气质和风格有什么特点？为什么会形成这样的特点呢？

（二）时尚流行趋势对模特职业的发展有怎样的影响？

五大超模

琳达为普拉达拍的广告

第五部分
20世纪90年代

1990s

返璞归真·多元个性

一、时代背景

时间进入到20世纪90年代，东欧剧变、苏联解体、德国重新统一，改革开放的中国持续走在市场经济发展的大道上。这一切的一切，一方面意味着时尚的魔力开始统治世界更多的地方。另一方面也意味着时尚在渗透多个国家和地区的同时，吸收了多种文化因素，趋向多元化的发展。20世纪60年代的年轻反叛；20世纪70年代的自由激进；20世纪80年代的光怪陆离等多种风格在时尚的花园里百花齐放。20世纪90年代是美国经济平稳发展的年代，作为时尚的第一国度，美国吸引着来自世界各地的人们，世界各地的艺术家也涌向美国。这些对时尚的多元化发展产生了重要的影响。

二、审美特征和时尚潮流

20世纪90年代，任何一种风格都无法统治也无法持续引领时尚。在时尚的大舞台上，既有轻松休闲的低调奢华，也有“反常规”的另类造型；既有走纯粹主义路线的极简设计，也有复古之风的怀旧经典。只是占主体地位的风格还是“简约、纯朴”，其基本精神是“回溯”、“怀旧”，但态度则是“前瞻”和“求进”。也就是说，服装流行的趋势回到服装本身，有一种返璞归真的态势。

经济的持续发展，生活的日趋稳定和富裕，20世纪90年代的人们生活在浮华岁月里，有一些慵懒，慵懒之余，更有一些挑剔。20世纪90年代也有“迷你”，但是不再追求性感，而是回归简洁。女性的服装设计要有运动感、中性化，而在细部上加上优雅的女性味道，同时还注重强调品位。

20世纪90年代是时尚产业商品化和全球化的时代，是信息开始逐步爆炸的时代，更是各种文化互相撞击的时代。时装模特也逐渐走出了传统意义的范畴。鲍德里亚说：“时尚模特的身体，不再只是欲望的物体，而是一个具有功能性的物体，是一个充满符号的场所，混合了时尚和色情……它不再是一个身体，而是一种形状。”胸部持续占据着被修饰的主体，她代表了人类母体意识的永恒追求。同时，肩部以及四肢都进入了修饰的主题。缤纷多彩服装下包裹的各种人体类型都进入了人们的审美范畴。各种肤色、古典与现代、瘦削或高大、病态或阳光似乎都能够被人们欣赏。

20世纪90年代早期的代表是马克·雅各布斯（Marc Jacobs）和安娜苏（Anna Sui），而混搭也是这个纪元的特征，如以凯特·莫斯为代表的独具个人风格和对时尚理解的超模们，对于街头混搭风尚的推动至关重要。到20世纪90年代中期时，开始形成保守主义风尚，而这个时期最具代表性的设计师正是普拉达（Prada）和海尔姆特·朗（Helmut Lang）。

20世纪90年代的色彩流行自然也是多元化的。人们不再单纯过分追求强烈的、刺激的色调。多元文化撞击带来的多样艺术，同样带来了多样的色彩。持续的经济文化发展使当时的人们有一种稳定而向上的心理环境，包容各种时尚文化，但更崇尚智慧、热情、沉静、温雅等气息。清新、质朴、沉静、高雅的色彩渐次涌现，各相绽放，共同装扮充满勃勃生机20世纪90年代。

凯特·莫斯登上*VOGUE*杂志1993年3月刊封面(这是她第一次出现在杂志封面上)

纳奥米·坎贝尔与凯特·莫斯一起登上*VOGUE*杂志封面

三、著名模特

（一）凯特·莫斯（Kate Moss）

1. 个人档案

生日：1974年1月16日
国籍：英国
出生地：伦敦，克罗伊登区
现居地：纽约
眼睛：淡褐色
头发：棕色
身高：168cm
体重：49kg
三围：84—58—86cm
鞋码：37码
星座：摩羯座
喜欢的明星：安妮塔·帕里博格
喜欢的品牌：卡尔文·克莱恩（CK）、巴伦夏加手提包（Balenciaga Lariat）
业余爱好：服装设计、购物

职业经历：

被Storm模特经纪公司发掘，开始做模特

为《面孔》（*The Face*）杂志拍摄一辑名为《第三季夏日之恋》（*The Third Summer of Love*）的照片后，开始被人所留意

出版个人专集《凯特：凯特·莫斯的故事》（*Kate: Kate Moss story*）

凯特·莫斯

（Kate Moss）

2. 星路历程

凯特·莫斯于1974年1月16日出生在伦敦。她从小就是个特立独行的孩子，绝不会跟别人一样，她一直都是别人关注的对象。在14岁时，有一次她去纽约旅行，返回英国时在机场被Storm 模特经纪公司发掘，请她做模特。生性喜欢冒险、刺激，喜欢光鲜亮丽的凯特便欣然答应了Storm模特经纪公司的邀请。

那时候凯特的身高只有164cm，身材也很瘦，还有略带畸形的O型腿，脸上还有雀斑，在普遍意义上她算不上美女，甚至有些丑了。可是凯特·莫斯特别自信，也正是自信让她焕发出无穷的魅力和魔力，令所有人折服。尤其是她在演绎服装时那淡漠的眼神，总让人感觉到衣服后面强劲的生命力。

15岁那年凯特为*The Face*杂志拍摄一辑名为“*The Third Summer of Love*”的照片后，开始被人所留意。凯特是设计大师卡文·克莱的宠儿，刚刚出道，便签订了品牌CK价值400万美元的香水广告，也多次出现在CK香水的广告节目中。曾被誉为“辛迪·克劳馥第二”。

凯特·莫斯凭借自己独特的长相和几乎没有情感的表情神态，刺激着人们的感官；她像一个谜一样，把复杂人性中的正与邪，善与恶，通过她的神态和容颜在时装的展示中传递给每一位观赏者。时装大师都非常喜欢用她做时装表演的模特。她每年都活跃在各大秀场，在空中飞来飞去是她大多数的日常生活。当红的凯特·莫斯几乎为所有的大牌设计师做过时装表演，超高的曝光率和媒体报道，证明了她的超大影响力。她曾三百多次出现于杂志封面，做各大品牌代言人的次数更是数不胜数。忙碌的工作，换来的当然是极高的利益回报。凯特·莫斯曾是十大最赚钱的模特儿，排名第2位。

1995年凯特出版个人专集《凯特：凯特·莫斯的故事》，讲述她的成长和她对生活及生命的理解。她还同其他几位模特一起出演电影，对凯特来说绝对是一次全新的体验和难忘的经历。

摄影师尼克·耐特认为，“莫斯有着美丽的外表，更有坚强的内心以及过人的聪慧。这些优点在她身上完美地融合在一起，所以她能吸引无数人为她痴迷，能保证自己一直屹立在时尚舞台的最前沿。”凯特·莫斯曾经影响了当时最重要的时装设计师、画家、设计师、化妆师、造型师等，她带给他们前所未有的创作灵感。凯特·莫斯，就是时尚和潮流的代名词，也是流行趋势的风向标。凯特·莫斯的走红，甚至可以说是60年代崔姬时代的回归。

与20世纪60年代超模崔姬

凯特对服装有着不同凡响的身体表现力，这是世界著名摄影师都喜欢她的原因之一。她有出众的镜头感和个性，她能毫不做作的把时装和自己融为一体，在不经意中创造出一种感觉，营造出一种气氛，传达时尚的信息。

大师范思哲认为凯特·莫斯最能体现他心中女性所具有的诱惑之美，他认为她是真正“永恒的女性”。因为凯特·莫斯在T台上有一种弱不禁风、让人爱怜之感，而她苍白的肤色，淡漠的眼神永远让人捉摸不透。她穿衣服不是为了掩饰，而是一种直观的表达。

凯特·莫斯为CK拍广告

凯特拍摄的杂志封面

凯特·莫斯
（Kate Moss）

除了在专业领域独树一帜，凯特·莫斯在社交生活场合很会打扮，时尚界的人都知道，也都认为她是一个对穿衣之道有天赋的人。她的穿衣风格，不仅在高手如林的模特女孩圈里显得出类拔萃，经常成为众人的模仿对象，还会无意中给造型师，设计师们带来设计的灵感或者启发。因为她的品位非常具有个性和创造力，总是会出人意料。她的千奇百变，有时甚至是反传统，总是带着离经叛道的顽皮，这使她成为一个非常独特和有趣的人。模仿别人从来不是她的风格，她的作风是我行我素。然而，她在任何场合下的着装都是无懈可击的成功，她仿佛永远是潮流的引领者。她展现给我们的是她对时尚、服饰的一种智慧和特立独行的精神！

然而，在时尚界被称为“混搭天后”的凯特·莫斯，有一次，因为过量吸食可卡因而晕倒在T台上，差一点毁掉了她的事业和前途。幸好，是莫斯迷们的支持帮她渡过了难关。她也决心要重新好好开始自己的新生活，展现给大家健康积极的形象。就是这样一个复杂的女人，因其对服装穿着的超强表现力，多次被英国人评为全世界“最有穿衣品位的女人”第一名。

凯特·莫斯为范思哲（*Versace*）拍的广告

（二）莫妮卡·贝鲁奇（Monica Bellucci）

1. 个人档案

生日：1968年9月30日
国籍：意大利
出生地：卡斯得洛城
现住址：伦敦、巴黎、罗马之间
眼睛：蓝色
头发：褐色
身高：177cm
体重：44.5kg
三围：89—61—89cm
鞋码：41码
血型：A型
星座：天秤座
喜欢的明星：弗朗西斯科·托蒂、苏菲·玛索
喜欢的品牌：卡地亚（Cartier）迪奥（Dior）
业余爱好：看足球比赛

职业经历：

1988年 签约于精英（Elite）模特管理公司

1990年 首次“触电”，参加了电视片《孩子们的生命》（*Life With the Sons*）的拍摄

1996年 凭借法语影片《非常公寓》（*The Apartment*），赢得了法国恺撒电影奖“最有价值青年女演员”的提名

2000年 出演电影《西西里的美丽传说》（*Malena*），大获好评

2001年 出演电影《黑客帝国2：重装上阵》（*The Matrix Reloaded*）和《黑客帝国3：最后战役》（*The Matrix Revo Lutions*）。

2002年 出演电影《狼族盟约》（*Brotherhood of the Wolf*）

2004年 出演电影《太阳的眼泪》（*Tears of the Sun*）

2009年 与法国第一美人苏菲·玛索合演惊悚片《不要回头》（*Don't Look Back*）

莫妮卡·贝鲁奇

（Monica Bellucci）

2. 星路历程

1968年9月，莫妮卡·贝鲁奇出生在意大利的一个小村庄卡斯得洛城。莫妮卡的家境并不宽余，父亲经营一家货车运输公司。在这样的环境中长大的莫妮卡非常懂事，学习也很努力。由于天生丽质，她是学校里的校花，备受关注。

1986年，18岁的莫妮卡考入了佩鲁贾大学（University of Perugia）学习法律，梦想成为一名优秀的律师。为了支付法律专业高昂的学费，她业余时间就去做模特赚钱。

1988年，20岁的莫妮卡改变了初衷，退学前往米兰，签约于精英（Elite）模特管理公司（Elite Model Management），正式进入模特界。从此，她的俏影频频出现在欧洲各大杂志的封面。

1999年和2001年，莫妮卡分别被意大利时尚杂志（*Max*）和全球知名的男性杂志（*GQ*）聘为日历模特。除了在时装表演中经常走秀外，莫妮卡还参与了诸如国际品牌杜嘉班纳（Dolce & Gabbana）设计师的一些国际广告运作。90年代起莫妮卡成为卡地亚高级珠宝模特，开始了她与卡地亚的合作。

1990年，22岁的莫妮卡迎来了她模特儿职业最辉煌的时候，她主动学习一些表演课程，开始进军影坛，并于1990年首次“触电”，参加了电视片《孩子们的生命》的拍摄工作。

1992年，莫妮卡首次亮相好莱坞，在影片《惊情四百年》中饰演吸血鬼的新娘之一。随后，莫妮卡又回到了意大利，1994年拍摄了犯罪题材影片《英雄》（*The Heroes*），1995年拍摄了儿童题材影片《雪球》（*Snowball*）。

1996年，莫妮卡转到法国电影界寻求发展，拍摄了她的第一部法语影片《非常公寓》。她在这部浪漫剧中的出色表演为她赢得了法国恺撒电影奖“最有价值青年女演员”的提名，从此星途大顺。

1999年，31岁的莫妮卡与《非常公寓》中的法国男演员樊尚·卡塞尔（Vincent Cassel）恋爱并结婚。并在银幕上再次合作，在浪漫片《如果你想要我》中饰演一对情侣。

2000年，莫妮卡因在影片《西西里的美丽传说》中出色地饰演了一位小人物，而在国际上赢得了空前声誉。《西西里的美丽传说》凭借莫妮卡的完美演绎获得14项提名。

2001年，莫妮卡与《惊情四百年》一片中的另一主演基努·里维斯又一次合作，出演了《黑客帝国》的续集《黑客帝国2：重装上阵》和《黑客帝国3：最后战役》。

2002年，莫妮卡的另一部影片《狼族盟约》再次在国际上引起轰动，莫妮卡也因在该片中的精彩表演而获得美国奥斯卡科幻、梦幻和恐怖片最佳女配角奖的提名。此后，莫妮卡又在根据连环漫画改编的影片《埃及任务》中饰演艳丽诱人的尼罗河女王。

2004年，莫尼卡·贝鲁奇还在《太阳的眼泪》中，饰演一位饱受战火蹂躏，后被拯救出来的尼日利亚人道主义医生。同年怀孕期间，

莫妮卡·贝鲁奇拍摄的杂志封面

迪奥彩妆广告

莫妮卡·贝鲁奇为卡地亚拍摄的广告

莫妮卡·贝鲁奇
（Monica Bellucci）

莫尼卡·贝鲁奇还为《名利场》杂志拍摄裸体照封面。

莫妮卡基本上每年都会有新的影视作品或广告大片出现，她美丽的身影一直没有在大众的眼睛里消失过。在2009年6月，莫尼卡·贝鲁奇和尼古拉斯·凯奇在纽约拍摄《魔法师的学徒》，同一年她与法国第一美人苏菲· 玛索合演惊悚片《不要回头》。

莫妮卡·贝鲁奇肌肤光滑有弹性，但她是个信奉自然状态的人，愿意真真实实地让岁月的痕迹留下来。贝鲁奇曾经说道，“我处在青春美、纯粹美、生物美的最后阶段，看着它消逝我并不感到悲伤”。“过了不惑之年，疾病会令我恐惧，而年华衰老、岁月流逝，已经没什么好怕的了”。“事实上，我生命中最美的事物都是在40岁时来临的，我在40岁拥有了第一个孩子，45岁有了第二个；我在42岁签订了此生第一个美容品合约。”莫尼卡并不反对别人用科技手段保持青春，只是她自己暂不打算采用。“我非常喜欢那些聪明地对待自己的女人，她们不做青春的奴隶。我喜欢女人的这种精神力量，但这并不意味着什么也不做，而是以智慧的方式去做。”也正是由于这种随遇而安的心态，轻松的心境，在做了母亲之后，莫尼卡依然保持着美丽的容颜和身段。

莫妮卡佩戴卡地亚冠冕

2007年卡地亚珠宝广告

电影《格林兄弟》（The Brothers Grimm）剧照

（三）布兰达·查德
（Brenda Schad）

1. 个人档案

生日：未知
国籍：美国
出生地：印第安保留地

眼睛：棕色
头发：棕色
身高：178cm
体重：54kg
三围：87—65—93cm
鞋码：40码
星座：未知

布兰达·查德

（Brenda Schad）

2. 星路历程

布兰达·查德有着不堪回首的童年往事。她出生在印第安保留地，并在那里长大。她虽然知道自己的亲生母亲是谁，但是却不得不在养父母身边长大。她非常理解自己的妈妈15岁还没有结婚就生下她的艰辛和痛苦，于是她也从不抱怨自己的出生，不怨恨自己的妈妈没有尽到母亲的责任。

布兰达小的时候并不漂亮，甚至由于缺乏条件打扮自己，她看上去相当丑，就像只丑小鸭。虽然对自己的容貌很没有信心，但布兰达依旧健康地成长着，顽强地等待着改变自己命运的机会。14岁的她在试穿一件游泳衣时得到一个成为模特的机会。丑小鸭终于蜕变成一只漂亮的白天鹅。布兰达的生活从此得到了改变，她成为一名专职模特。

成为模特的布兰达有条件装扮自己了，加上她的特别的生活经历在她身上留下了别人无法模仿的独特气质，让她焕发出别样的美丽。正是她的独特美丽征服了所有人。她先后上过英国《大都会》（*Cosmopolitan*）、*Tatler*和*GQ*杂志的封面，还为好几家著名的时装公司做过模特。她曾参与了最著名的大型产品推广活动——"魔术文胸"。

无论如何，布兰达靠着模特的职业改变了自己的生活和命运，她很幸运。然而，光有幸运是远远不够的，她还是一位非常努力敬业的人，因此，人们愿意启用它。她与巴黎的精英（Elite）模特公司和伦敦的（Premier）模特公司都签有合约。她的职业模特之路是精彩而生动的。

布兰达是世界上最漂亮的深肤色模特之一，也是最受欢迎的模特之一。她既可以表现得端庄优雅，也能在服装演绎中表现出妩媚性感的一面。她静静地出现在各种杂志的封面上，美丽着人们的眼睛和心情。更重要的是，她是许多时装设计师的时装发布会必请的模特之一。这充分说明了布兰达在设计师们心目中的重要性，以及她在时尚界的价值。

从一个生活在印第安保留地的小女孩儿，变成在巴黎最时尚的T台上迈着猫步的模特，布兰达的经历就是一段传奇。

在成长的过程中，布兰达忍受着贫苦的生活还有不公平的歧视，她经历了艰辛的童年，长大后又在时尚界这样一个充满变数和诱惑迷离的行业中闯荡。她克服着生存环境带给她的不利因素，牢牢抓住难得的机遇勇往直前。她没有被生活的艰辛打垮，而是在生活中学会了坚强和乐观。是生活使她成为现在这样一个善良但绝对现实的成熟女人。从这一点来说，布兰达取得了了不起的成就。

布兰达的童年从来没有享受过生活，更没有过任何奢华生活的经历。小时候，因为没有多余的钱置办她自己的衣服，而她与妈妈的衣服尺码正好相似，所以她穿的全是妈妈的旧衣服。吃过了太多的苦，她决心再不让自己的孩子受同样的苦，她身为人母，表现出极大的爱心。布兰达特别关注美国土著人的慈善事业，并且在俄克拉荷马州成立了一个美国土著儿童基金会。她深信，女儿是上天赐予她的最好的礼物。她会好好爱自己的孩子和那些需要帮助的孩子们，这朵铿锵玫瑰也是一位心怀大爱的慈善家。

布兰达写真照片

布兰达的广告大片

（四）麦琪·瑞兹（Maggie Rizer）

1. 个人档案

生日：1978年2月9日
国籍：美国
出生地：纽约，Staten岛
现居地：曼哈顿
眼睛：蓝色
头发：金色
身高：178cm
体重：53kg
三围：83—61—88cm
鞋码：39码
星座：水瓶座
喜欢的品牌：卡尔文·克莱恩（CK）
范思哲（Versace）
业余爱好：运动、曲棍球

职业经历：

接拍卡尔文·克莱恩（Calvin Klein）、马斯·马拉（Max Mara）、山本耀司（YohjiYamamoto）、范思哲（Versace）、CK等一线品牌广告

成为赛琳（Celine）品牌的全年形象代言人

成为芬迪（Fendi）品牌的全年形象代言人

为赛琳（Celine）、古奇（Gucci）、香奈儿（Chanel）、杜嘉班纳（Dolce&Gabbana）等品牌代言

麦琪·瑞兹

（Maggie Rizer）

2. 星路历程

1978年2月9日，麦琪·瑞兹出生在美国纽约一个知识分子家庭。良好的家庭环境和教育，养成了她脚踏实地的个性。从小就学习芭蕾的她，有着优雅独特的古典气质。而麦琪·瑞兹却从未梦想过当模特，她的最高理想就是上一所大学，获得优异的成绩，最终找一份轻松而赚钱的工作。

麦琪之所以走上模特的星光大道，有一个人功不可没，那就是她的妈妈。麦琪的妈妈写信给模特经纪公司，说她的女儿麦琪可以当世界超模，向他们推荐自己的女儿。还热情地寄去了很多麦琪的照片，正是这封信，和那些照片改变了麦琪的生活。

模特代理人路维·查班，对这位并不漂亮但充满活力的女孩产生了兴趣。路维亲自打电话给麦琪，对她说："你赶快到这里来"，麦琪就真的开着她的卡车，花了6个小时的时间从家乡水镇赶到路维那里。路维·查班见到麦琪的第一眼就被她吸引住了："她不像我所见到的任何一个女孩或是我做代理的任何一个女孩。"她身上那种浓郁的古典美，更是在新人类里难能可贵，麦琪是可遇而不可求。于是，路维立即决定录用她，让她成为公司里的职业模特。路维的眼光是没错的，麦琪不仅有着得天独厚的先天条件，还是一个乐于学习和尝试新事物，并且非常努力的女孩儿。果然，在一年之内，麦琪就在纽约与摄影师斯蒂文·梅塞尔合作，拍摄了意大利版*VOGUE*杂志的封面，效果非常好，得到人们的一致好评。在走秀方面，梅塞尔也给了麦琪许多建议，善于学习的麦琪在T型台上同样光彩照人，焕发着青春靓丽的光彩。

麦琪·瑞兹的形象是青春和健康的，虽然她长得并不漂亮，甚至非常普通，但她还是赢得了时装大牌们的青睐。入行之后，经过两年的磨砺，她变得越来越成熟、美丽。事业也是越来越顺，工作越来越忙。

她在1998年接拍的大牌广告有卡尔文·克莱恩（CK，Calvin Klein）、马斯·马拉（Max Mara）、山本耀司（YohjiYamamoto）、范思哲（Versace）等，作为新人成绩已经相当骄人了。在CK广告中获得认可，与大明星凯特·莫斯放在一起毫不逊色，更让人刮目相看。1999年成为赛琳（Celine）全年形象代言，2000年成为Fendi全年形象代言，事业上她已经是如日中天了。

这个脸上长着雀斑的美国女孩儿在时尚界的影响力越来越大，她富于变化的风姿使她位于杂志封面和时尚世界的重要地位。人们惊叹她的成功是具有得天独厚的条件，而麦琪认为自己真正的实力是自信和努力。她说："成功模特的秘诀在于做你自己。"麦琪非常专注于她的工作，她从每一次工作，包括走秀或者在广告、杂志封面的拍摄中，不断地认识自己，调整自己，为塑造一个更加美丽而自信的自己努力工作。她一直知道自己是谁，在镜头前她能摆出各种造型，每一个造型都有她无可取代的独特气质，正是源于她"做自己"的一贯坚持，让她表现得更加出众。当然，要得到成功光有这些还不够，谦虚敬业、赋有合作精神也是她走向成功之路必不可少的优秀品质，她从不因为向别人讨教而感到羞愧，这使得她能不断地进步和提高，不断地给设计师和摄影师们惊喜。上天不负有心人，她的努力得到了回报。她能为赛琳（Celine）、古奇（Gucci）、香奈儿（Chanel）和杜嘉班纳（Dolce&Gabbana）做展示和表演，而这些大牌们都在竞争她的时间，希望她能更多地演绎自己的产品。麦琪从来不会让大家失望，总是有能力表现得妩媚可爱，或者阳光健康，或者俏皮邪恶，永远符合服装作品的展示要求和人们的审美取向。

设计师和摄影师们都非常喜欢麦琪，设计师约翰·巴特勒说："我认为麦琪一定有她独到之处，因为那么多人都启用她，而每一次你都会发现她与先前是不同的。她就像一条变色龙般富于变化。"她会给设计师一些创作的灵感。塞琳（Celine）的主设计麦克尔·高斯说："对于我来说，她是在夏季里看上去非常健康的那种女孩子，我想如今的时尚更加看好健康一些的女孩子。"正是麦琪身上那种健康阳光的因素吸引了他。摄影师帕垂克·德·马彻利尔则认为："麦琪十分自然、清新，一个很灿烂的女孩。麦

麦琪写真照片

麦琪写真照片

Louis Vuitton. Damier

麦琪为LV拍摄广告片

麦琪·瑞兹

（Maggie Rizer）

琪能把衣服穿出既别致又文雅的美感来。”总之，麦琪的魅力征服了时尚达人，在他们眼中麦琪的美是不同于凯特·莫斯的另类，麦琪的美让人想到春天，想到阳光、温暖和希望。

麦琪在家乡水镇也有许多崇拜者。在她离校三年后，她的照片依然被挂在麦琪曾就读的高中。作为世界名模，她的照片被张贴在发廊、电影院等公共场所，成为全镇人的骄傲。

现在，空闲的时候麦琪喜欢待在曼哈顿与家人共享天伦。麦琪善于与人相处的特点平时也有所体现，她喜欢与人一起住，这与她从小就与其他四个兄弟姐妹相处有关。这个代表美国精神的可爱女孩，有着随性自然的生活状态，走到哪里都会结识很好的朋友，人缘非常好。平时麦琪很爱运动，原来上学时最喜欢的是打原野曲棍球，现在忙碌的她就很少有机会打了，只能成为一个永远不会丢弃的爱好和美梦。

四、思考题

（一）20世纪90年代是一个多元化的时代，对模特行业有什么影响？

（二）与20世纪60年代相比，90年代的模特有哪些类似的特征，又有哪些不同，为什么？

第六部分 21世纪10年代

街头身着“乞丐服”的女孩儿

2010s

表现演艺·性感冷酷

一、时代背景

21世纪的头十年，经济全球化和信息爆炸是给人们的最大感触。在经济影响和信息传递上，全世界表现出前所未有的紧密相连。发达国家追求经济的稳步发展，发展中国家在奋力追赶。总体来说，人类创造的财富大大增加，人们用于过度消费的额度在逐渐增加。在生活态度上，由于生活的忙碌和压力使得很多人没有时间去回顾历史、思考意义、接近自然，而更多的是屈从于现实的压力，去争取更多的财富用于消费，很少去关注自身的超越和对终极性的追求。

这个时期的中国年轻人有个特别的称呼——“80后”、“90后”，这个称呼不含贬义，却仍然含着一种代沟。这个代沟的两岸是“80后”、“90后”和非“80后”、“90后”，他们代表了中国的年轻人，而更代表了全球时尚文化的影响性。他们完全抛开了传统的束缚，对新事物表现出前所未有的接受能力，新事物在网络虚拟世界里以前所未有的速度传播。这就导致他们在审美观和价值观方面与前人相比有很大的不同。没有太多伟大的理想，没有太多深远的抱负，亲情观念相对淡薄，缺少理想和信仰，过分自我和追求个性，过早就懂得并认可成人世界的规则，市场消费观念强烈，而且更加开放、坦然。更加热心公益事业，更加反感对人性的扭曲和人格的变态。

这个时代是极度娱乐化的时代，几乎所有生活领域都已经被娱乐渗透了，娱乐业希望全球各地的时尚潮流以最快的速度通过媒体和网络袭击人们的心灵。时尚理应有文化理性，而在21世纪，时尚似乎为年轻人的冲动所牵制，跃出了文化理性的边缘。

二、审美特征和时尚潮流

20世纪90年代后期，时装界出现了“后朋克风潮”。它的主要特点是鲜艳、破烂、简洁、金属、街头。反观当今的“朋克潮”，颜色方面却回归了以往的以暗色为主，款式基调依然是简洁，少了些金属和街头的气息。它似乎在昭示着新的世纪对一切往事的回顾与反思。21世纪的第一个十年，服装流行旧的周期结束，新的周期开始。然而，这个新周期也不是全新的，它无法离开历史前行。时尚总与服饰同行，服饰总与模特形影不离。20世纪的服装设计大师引领的时尚令后人难以超越。于是，在观摩时尚经典之后的反思便成了新时期时尚的主流。创新与复古正在逐渐融合为一体，形成一种新的时尚风格。它没有明显的时代标志，处处可以找到前人的影子。

理智的设计师没有盲目奋进，在借鉴前人丰富的知识经验的基础上，利用强大的物质条件，将高科技应用到时尚服饰制作上。信息的大爆炸时代已经真正来临。时尚信息比任何一代传递的都快。任何一种时尚瞬间就可以成为世界流行潮流。信息的爆炸刺激了更多想象力的产生，由此，诞生了许多在以前完全不能想象的服装。

应对这样的时尚潮流，模特们需要全力用心去诠释和演绎。模特们已经远远超出了服装模特的概念，而朝着演绎服饰灵魂，演绎文化灵魂的角色转变。性感，重新成了时代美丽代言的主流。这在某种程度上也说明了人类对历史的自然回归。对女性美的鉴赏依然以性感为第一要义。然而，这个时代的性感定义似乎与传统观念大相径庭，通常是一种女性视角的非符号化的性感。因为即使是有一张娃娃脸的模特也可以是性感美丽的。事实上，除了有诸如吉赛尔·邦辰般的性感，娃娃脸模特也是大行其道，风行一时。包括吉玛·沃德、萨沙·彼伏波洛娃、莉莉·科尔等都是大受欢迎的娃娃脸名模。

除此之外，“冷酷”也渐渐成为这个时期模特的主要表情。“冷酷”无疑恰当地表达了新世纪女性的独立和自信。在深层意义上，“冷酷”类似于“无表情”，而这样的“无表情”在潜意识上既表达了对设计师的尊重，也表达了对时尚文化的敬意。同样也表达了本身的自信，模特德文·青木的表演正是对这种冷酷艳丽的绝佳诠释。新世纪女性的独立、自信带来的是个性的无限张扬，她们越来越讲究特立独行，这一种宣示，向世界进一步证明了她们的自信和独立。

娃娃脸超模吉玛·沃德和萨沙·彼伏波洛娃

三、 著名模特

（一）吉赛尔·邦辰（Gisele Bundchen）

1. 个人档案

生日：1980年7月14日
国籍：巴西
出生地：南里奥格兰德州
现住址：纽约
眼睛：蓝绿色
头发：棕色
身高：178cm
体重：54kg
三围：92—61—89cm
鞋码：40码
星座：巨蟹座
喜欢的明星：布拉德·皮特、卡卡
业余爱好：运动、健身

职业经历：

1994年 加入模特公司

1996年 在西班牙伊维萨岛举行的世界小姐比赛中，获得第四名，到纽约时装周走秀。

1999年 参加维多利亚内衣展示会：登上*VOGUE* 7月刊、11月刊和12月刊的封面，获得*VOGUE*最佳模特称号

2000年 连续登上3个*VOGUE*开年号封面，成为第四位登上《滚石》（*Rolling Stone*）杂志封面的模特，被称为“世界第一美女”。

2004年 出演电影《出租女王》（*Taxi*）

2006年 出演《时尚女魔头》（*The Devil Wears Prada*）；与美国的巨型苹果公司合作；为瑞士钟表品牌依宝（Ebel）拍摄广告

2011年 成为韩国内衣品牌菲蒂利亚（Fidelia）代言人

吉赛尔·邦辰（Gisele Bundchen）

2. 星路历程

1980年7月14日，吉赛尔·邦辰出生于巴西南部的一个小村庄。她的父亲是一位银行职员，母亲是一位大学老师和作家。她有五个姐妹，其他姐妹跟她一样都有着天赐的身段和模样，如今同样都是T型台上的超级模特。

最初，邦辰想成为一个专业的排球运动员，从未想过要当模特，还希望自己将来能成为巴西队的一员。然而，她的这个梦想没能坚持多久。1993年，在妈妈的坚持下，13岁的邦辰和她的姐妹参加了一个模特训练课程。这段经历也奠定了她成为世界超模的基础。

1994年的一天，邦辰参加了学校举行的一次旅行。在一家百货大楼里，她和自己的朋友正在吃麦当劳，被慧眼的模特经纪公司的人看中。她被邀请加入他们的模特公司，邦辰开始了自己的模特生涯。

在接下来的一年里，她参加了一个国家选美比赛，在比赛中被称为“第二克劳迪娅”。1996年，在西班牙伊维萨岛举行的世界小姐比赛中，邦辰获得第四名的佳绩。然后她搬到了纽约，在纽约时装周走秀，她作为模特，在事业上越来越忙碌和成功。

1999年吉赛尔·邦辰参加了纽约金融区举办的维多利亚内衣展示会，展示会上最挑剔的时装界同仁也被她的美所折服。从此，她的超模之旅就正式开始了。

1999年吉赛尔·邦辰分别登上了时尚圣经*VOGUE* 7月刊、11月刊和12月刊的封面，成为那时候的封面女王，并且获得了1999年度*VOGUE*最佳模特。2000年1月，她连续登上3个*VOGUE*开年号封面，并成为第四位登上音乐杂志《滚石》（*Rolling Stone*）封面的模特，被称为“世界第一美女”。

邦辰上过几乎所有著名时尚杂志的封面，包括*W*、*HARPER'S BAZAAR*、*ELLE*等，国际上各版*VOGUE*，还有各级时尚类刊物，数不胜数。2004年，吉赛尔·邦辰第一次参与电影拍摄，在影片《出租女王》（*Taxi*）中饰演角色，她还曾在电影《时尚女魔头》（*The Devil Wears Prada*）（2006）中出演过角色。邦辰和大量知名摄影师，以及国际知名导演有过合作。自从出道之后，邦辰就成为时尚界的广告宠儿，代言了许多时尚奢侈品牌广告，其中包括多季的迪奥、巴伦夏加、范思哲、纪梵希、朗雯、华伦天奴、拉夫劳伦、寇伊、易威登和维多利亚的秘密等。

2006年5月，邦辰签署了一份数百万美元的合约，与美国的巨型苹果公司合作。这一年，邦辰还成为了瑞士钟表依宝（Ebel）广告上的新面孔。

2011年31岁的邦辰成为韩国内衣品牌菲蒂利亚（Fidelia）代言人。她还曾出现在妮维雅（NIVEA）乳液的广告中，同时也做过大量巴西品牌的广告模特。著名品牌 C&A在巴西（Brazil）使用邦辰做代言人，在电视上播放了广告，之后产品的销售量增长了30%。

在2005年12月，《纽约》杂志挑选并列举了123个爱上纽约市的理由，第43条理由就是吉赛尔·邦辰住在这个城市里。2008年8月26号，《纽约日报》（*Newsday*）评价吉赛尔·邦辰为世界上最牛超模第四。2009年5月12日，英国《独立报》（*The Independent*）评价她为时尚史上最出色的明星。她在权威模特网站“models”中一直霸占着冠军宝座，并且在吸金榜和最性感模特榜中高居第3位。在2009~2010年经济衰退期间，她仍是收入最高的超模。吉赛尔·邦辰曾高调登上《名利场》（*Vanity Fair*）封面。这位资产15亿美元，先后分别以年收入2500万美元、3300万美元、3500万美元荣登全球模特财富排行榜冠军，是《福布斯》榜上当之无愧的最成功模特。甚至有人发明了“邦辰指数”来监测雇主们的经营状况。

邦辰之所以能成为T台的“吸金女王”，不仅因为她百变多姿的美丽符合人们的审美需要，还在于她拥有过人的经济头脑。除了邦辰自己，没人能比她更好地开发利用自身的商业价值。除了作为模特的工作之外，她

为*VOGUE*杂志拍摄封面

还开创了属于自己的凉鞋品牌。《福布斯》2007年最强大名人排行榜上，邦辰高居第53位，主要因为2002年起她与巴西著名鞋业品牌依帕内玛（Ipanema）合作推出依帕内玛之吉赛尔系列（Gisele Ipanema），2007年以全裸彩绘化身森林女神的凉鞋广告令人迷醉，一经推出即大获成功，当年即成为全球最畅销的夹趾拖品牌。另外，她在巴西南部还拥有一家属于自己的饭店。

当然，邦辰的敬业精神让与她合作的任何广告商都感觉物有所值，这也是她为什么会那么受欢迎的一个重要原因。对她的同行们而言，她似乎永远是最快乐的一个，每天都是开开心心的样子。邦辰是她们的榜样，无论是作为模特，还是作为一位商人，她的成功是对所有女性的一种激励。

吉赛尔·邦辰为迪奥拍摄广告

吉赛尔·邦辰为范思哲（Versace）拍摄广告

吉赛尔·邦辰为依帕内玛（Ipanema）品牌做宣传并拍摄的
广告艺术片

(二)德文·青木
(Devon Aoki)

1. 个人档案

生日：1982年8月10日
国籍：美国
出生地：纽约
现住址：纽约
眼睛：淡褐色
头发：浅棕色
身高：168 cm
体重：46kg
三围：81—58—84cm
鞋码：37码
血型：A
星座：狮子座
喜欢的品牌：香奈儿（Chanel）
业余爱好：旅游、摄影

职业经历：

被时尚人士赏识，进入模特行业，加入风暴（STORM）模特管理公司

成为范思哲（Versace）品牌的“缪斯”

参加了电影《速度与激情2》（*2 Fast 2 Furious*）的拍摄

出演《少女特工队》（*D.E.B.S*）

出演《罪恶之城》（*Sin City*）

出演《生死格斗》（*DOA: Dead or Alive*）

出演《游侠》（*The Traveler*）

出演《变异编年史》（*The Mutant Chronicles RETAL*）

出演《罪恶之城2》（*Sin City: A Dame to Kill For*）

德文·青木

（Devon Aoki）

2. 星路历程

德文·青木是美国人，却兼有日本、德国、英国的血统。她的日本父亲罗基·青木是个传奇人物，他不仅是美国知名日式牛排屋的拥有者，更曾是奥运摔跤与赛艇项目的冠军选手。青木的母亲是一名德英混血儿，如今在伦敦做珠宝设计师，她还是一名画家。

德文1982年8月10日出生在纽约，童年在加拿大渡过，14岁时随全家迁到伦敦居住。她能踏入时尚界完全在她的意料之外。当年她在一场演唱会中被正在现场作报道的知名杂志人看中，请她参与拍摄。几天之后，德文在一场派对中又遇到他们，于是答应替《访谈》（*Interview*）杂志做了一篇访问并且拍了一些照片。不久之后，她经人介绍认识了名模凯特·莫斯，凯特·莫斯又把她推荐给英国知名模特管理公司STORM以及时尚大师卡尔·拉克菲尔德，于是，这个女孩渐渐在模特界崭露头角。1998年，德文更是取代了世界超模“黑珍珠”纳奥米·坎贝尔而成为品牌范思哲的“缪斯”。

同年，在名模凯特·莫斯的推荐下，德文被莫斯所在的著名模特管理公司STORM招致麾下。受艺术家妈妈的熏陶，德文·青木对艺术有着惊人的领悟力和表现力。虽然她身高只有168cm，但是可塑性非常强，表现力也让人吃惊。无论是平常的便装，高贵的晚装，还是怪异的艺术装，她都能穿出衣服的风格与神韵。仿佛她了解那些衣服所要传达给别人的思想，而她就是衣服的灵魂。所以德文由出道至今就很受设计师们的欢迎，大家都对她宠爱有加，一次次地与她合作，而且从来都不会觉得失望。

德文·青木不仅参与各大名牌服装的演出，奔走在世界各大秀场，还拍了不少知名时尚杂志的封面及内页。

因为她的独特魅力，关注和喜欢她的人越来越多，她成为20世纪90年代末迅速走红的超级模特。她更成为卡尔·拉格菲尔德的新宠儿，邀她做香奈儿（Chanel）的品牌代言人。

2003年，这位独特小巧的女孩得到了导演约翰·辛格顿的青睐，参加了电影《速度与激情2》的拍摄，在片中德文饰演一位剽悍的街头赛车手。她在影片中的表现，得到了人们的肯定，并开始对她在电影方面的才华寄予更大的期待。之后，德文·青木又相继出演了《少女特工队》(2004年）、《罪恶之城》(2005年)、《生死格斗》(2006年）、《游侠》(2007年)、《变异编年史》(2008年)和《罪恶之城2》 (2010年)等风格独特影片的拍摄，她纯真中带着邪恶的诡异形象更加深入人心。 德文在影视方面的挑战成功了，她不仅是位风格独特的超级模特，也是一位合格的电影演员。

多重血统赋予了德文融合着东方神秘感与西方个性美的独特外形，加上她对艺术的敏感与表现力，使她浑身散发着无可取代的独特气质和魅力。喜欢她的人会被她的独特魅力所吸引，而不喜欢她的人却认为她是模特行业里的个案、另类。

她有着令人过目难忘的面相，也许算不得漂亮，但是个性十足。德文说：“我有雀斑，个

“Я давно поняла, что парням очень нравятся миниатюрные девушки

Шойфеле (вице-президент Chopard. — *Прим. ред.*), и поэтому всякий раз, когда мне нужно блеснуть на дорожке, я в срочном порядке звоню ей. Но дело даже не в дружбе, просто благодаря маме я довольно сносно разбираюсь в камнях, а у Chopard они действительно нереальные.

В свое время многие намекали на вашу слишком уж близкую дружбу с Кейт Мосс...

Ага, нам даже приписывали роман, хотя большего бреда я даже придумать не могла бы: вы посмотрите на Кейт и на меня! Мы же обе просто с ума сходим по мужчинам! Может, даже слишком их любим...

Это ты, случайно, не на Ленни Кравитца намекаешь?

Вообще-то, я не отвечаю на вопросы о Ленни.

Не отвечаешь, потому что у вас реально все было очень серьезно?

Куда серьезнее. Он же был моим самым первым парнем, понимаешь? Именно поэтому я допускала какие-то ошибки, но у него их было больше. Хотя я сейчас не хочу кого-то обвинять, мне трудно говорить на эту тему. Потому что наши отношения были тяжелыми, а расставание еще тяжелее...

После Ленни ты вообще не рассказываешь в интервью про своих молодых людей. Может быть, причина в том, что во время того романа с Ленни пресса узнала слишком многое и это вам тогда помешало?

Ты права. Сейчас, например, я могу сказать, что влюблена в одного мужчину настолько, что даже говорить спокойно о нем не могу. Но я ни имени, ни даже профессии его называть не буду, потому что боюсь, что все опять может разрушиться. Но я специально выбирала мужчину не из шоу-бизнеса, не из Голливуда, боже упаси.

Брэду Питту и Джорджу Клуни нельзя верить, ведь правда?

Мужчинам вообще нельзя верить! (*Смеется.*) Если серьезно, то, может быть, я просто не научилась строить нормальные отношения со звездными парнями. У них и правда слишком много заморочек.

Для супермодели ты довольно маленькая. А в отношениях с парнями тебе это мешало когда-нибудь?

Наоборот, мужчины очень любят маленьких, я это давно заметила.

Но не говори мне, что в работе у тебя не было с этим проблем. Например, на подиуме рядом с Наоми или Евой?

Я как-то очень рано поняла одну вещь. Благодаря папе. Ты не должна стремиться к чему-то, чего у тебя реально никогда не будет. — к росту 180, к дедушке-мил- ►

На дефиле Chanel Девон Аоки стала для легендарного немецкого дизайнера Карла Лагерфельда настоящей музой – для нее он придумал самое красивое платье в своей коллекции.

德文·青木与卡尔·拉格菲尔德

德文·青木为韩国版*VOGUE*杂志拍的封面

子不算高，而且并不完美。我们正踏入新纪元，潮流正在转变，人们喜欢和接受不同的人种，这种转变真叫人兴奋。”德文是聪明的女孩儿，善于把握每一个难得的机会，把自己的独特优势和魅力发挥出来，最大限度地实现自己的价值。但好学的她并没放弃自己学习的机会，工作的同时她修读生理学、解剖学、美国历史及摄影。德文希望自己成为一个多才多艺、有内涵、有修养的新时代模特。

德文的成功不是光靠自己独特的外在条件，更是靠她对时尚行业的把握，对时装的领悟能力，以及表现能力。每一个人的成功都不是偶然的，德文·青木固然有着这个时代需要的个性和魅力，如果没有自己的努力，和对机遇的珍惜把握，那么，她就不可能会有如此的成功和在时尚界长久而旺盛的生命力。

德文・青木为日本版杂志*HARPER'S BAZAAR*拍的封面

（三）吉玛·沃德（Gemma Ward）

1. 个人档案

生日：1987年11月3日
国籍：澳大利亚
出生地：珀斯（Perth）
眼睛：蓝色
头发：金色
身高：178cm
体重：53kg
三围：81—61—89cm
鞋码：40码
星座：天蝎座
喜欢的明星：凯特·莫斯、妮可·基德曼
喜欢的品牌：普拉达（Prada）
缪缪（Miumiu）
麦昆（McQueen）
业余爱好：逛街

吉玛·沃德（Gemma Ward）

2. 星路历程

吉玛·沃德出生在澳大利亚一个普通的家庭，从小学习表演，让她爱上了表演这门艺术。她天生的娃娃脸，走到哪里都非常惹人喜爱。2002年，15岁的吉玛·沃德陪朋友参加澳大利亚珀斯市举办的超级模特选秀活动，被星探发现，建议她也参赛，然而却在第一轮的比赛中被淘汰了。但是，她的潜质还是被一些有眼光的人发现了，之后的吉玛·沃德陆续收到一些拍照邀请，成为一些著名摄影师的模特，出现在各种时尚的时装大片里，随着知名度越来越高，做模特的经验也越来越丰富，服装表演越来越好，获得了越来越多的肯定和支持。2003年9月，吉玛·沃德与纽约著名的模特经纪公司IMG 签约，正式成为一个专业模特。

在吉玛·沃德与纽约著名的模特经纪公司IMG签约之后，公司将她走秀的录像带送给了普拉达公司。吉玛的样子让普拉达女士非常满意，她决定让吉玛为她旗下主线“普拉达”和副线“缪缪”做专属模特走秀。

吉玛从此踏上事业的青云路，随后拍摄了“普拉达”和“范思哲”的春季系列平面广告，并登上了澳大利亚版、意大利版和英国版*VOGUE* 杂志的封面以及*W*杂志的封面，新的合约开始纷至沓来，“火”得一发不可收。吉玛·沃德那张娃娃脸成了2005年秋冬最红、最具时代代表性的面孔之一。

吉玛认为“自己是天时、地利、人和合一，这可能只是一种时尚的轮回，我这样的类型也许换成另一个时间出道，未必就这么受欢迎了！”她把自己的成功归功于时代和时尚。的确，她原本坐在观众席里看朋友参加模特儿大赛，却让星探意外挖掘，走上名模之路。自信的吉玛说：“我感到最满意的不是身体或长相，而是年纪轻轻就能取得如此的成绩。”模特行业是靠自己创天下，“一开始非常艰难，我要和不同地域、不同文化背景的人打交道，能够自如应对，是我最自豪的。”吉玛的个性很独立，作为模特行业里的新势力，她无疑是符合当代年轻人审美追求的“个性美少女”。然而，也正是这种独特的魅力让她在星光璀璨的时尚界独树一帜，独领风骚。

吉玛知道自己的今天得到了很多人的帮助，包括摄影师、化妆师等，吉玛特别强调，“家庭的教育也很有帮助，小的时候一直学习表演，这样在做模特时才会非常自如、自然。”年纪轻轻就很懂得感恩和学习，对自己的优势和长处也很了解。所以她非常自信，对未来充满信心。

吉玛·沃德曾长期占据国际模特网第一名的位置。就是这样一个小女孩，作为模特的她除了参加几乎所有大牌的走秀，还拍摄了他们的广告和宣传片。另外，她还加盟了几部电影，还是一位出色的演员。她参拍的电影包括《黑气球》（*The Black Balloon*）、《陌路狂杀》（*The Strangers*）和《加勒比海盗：惊涛骇浪》（*Pirates of the Caribbean On Stranger Tides*）等，在片中精彩的表现，给人们带来了惊喜和震撼。

一双分得很开的大眼睛；一个浑圆小巧的下巴；两张宽而平坦的脸颊和精致的脸型轮廓，构成了吉玛俏丽的面孔。她的那些洋娃娃般的特质让吉玛成为2006年娃娃脸（Baby Face）名模潮流的代表人物。

吉玛是个喜欢挑战的人，虽然做了模特，但是心里还是惦记着学习和学校。她说做演员不一定就是她的职业生涯，机会很重要，顺其自然，想做和能做什么就做什么。模特这个职业很难预测，她还会尝试其他事情。她一直是个好学生，成绩相当不错，她希望将来能全身心地回到学校，完成学业。

生活中的吉玛喜欢波西米亚的着装风格，哪怕是素面朝天，不饰雕琢，依旧拥有一种特别的美丽。吉玛最喜欢的设计师则是普拉达夫人，是普拉达夫人慧眼识人，把吉玛推向国际超模的道路，她的设计也深深地吸引着这个年纪尚小却红到发紫的小女孩儿。

吉玛最喜欢海滩装束，但也特别喜欢丝质纱笼装。在晴朗的日子里，小姑娘还喜欢穿泳装再套上牛仔罩衫。随性自然，是这个小姑娘在没有工作的日子里最享受的状态。

普拉达广告

玛・沃德登上澳大利亚版
*ARPER'S BAZAAR*杂志2011年4
月刊封面

（四）萨沙·彼伏波洛娃（Sasha Pivovarova）

1. 个人档案

生日：1985年1月21日
国籍：俄罗斯
出生地：莫斯科
现居地：纽约布鲁克林区威廉斯堡
眼睛：蓝色
头发：金色
身高：174cm
体重：51kg
三围:82—59—84cm
鞋码：39码
星座：水瓶座
喜欢的品牌：普拉达（Prada）
业余爱好：绘画、阅读、度假

职业经历：

2005年 登上法国版《嫉妒》（*Jalouse*）、《时装》（*L'Officiel*）；意大利版*VOGUE*，俄罗斯*Jalouse*等杂志的封面；参加2005春/夏时装秀，为香奈儿等世界顶级奢侈品牌走秀

2006年 登上中国版9月*VOGUE*；法国版5月*VOGUE*；日本版4月*VOGUE*；韩国版9月*VOGUE*；美国版*W*；在2006春/夏时装秀上为各大品牌走秀

2007年 意大利版1月*VOGUE*

2009年 拍摄乔治·阿玛尼（Giorgio Armani）2009春/夏新广告

萨沙·彼伏波洛娃
（Sasha Pivovarova）

2. 星路历程

1985年1月21日，萨沙出生在俄罗斯一个普通人家。从小就活泼可爱的她像只小兔子，走到哪里都给大家带来欢乐。由于天生的娃娃脸，她似乎永远都长不大。2005年1月她与伊·果维诗雅寇夫（Igor Vishnyakov）（萨沙·彼伏波洛娃如今的丈夫）的相遇，不仅改变了她的人生轨迹，甚至为萨莎今天在时尚界至高的影响和地位奠定了基础。摄影师伊·果维诗雅寇夫萨莎拍摄的照片，后来寄给IMG模特经纪公司，这组照片得到模特公司的赞许，并盛情邀请萨沙做职业模特。这样，当时还是一名艺术史系大学生的萨莎就真的入行做起了职业模特。

著名伦敦模特统筹总监罗塞尔·马希（Russell Marsh）走遍世界的每个角落，专门为普拉达挑选新面孔，当她看到萨沙的那一刻就觉得："就是她！"当这个金发美少女在普拉达的秀场上第一次走秀时，一出场就抓住了所有人的眼球，她的独特气质征服了所有人。

萨沙·彼伏波洛娃，在2005年2月以强烈的态势登陆国际模特界，当时她是唯一的一个既为"普拉达"又为"缪缪"走秀的模特。IMG公司萨沙的经纪人说，自从她拍了"普拉达"的广告，电话铃就没停过。萨沙迅速成为最炙手可热的模特。

萨沙是"时尚风向标"，她是近年来T型台上的新宠儿，也是世界顶尖时尚品牌普拉达连续两季的全球代言人。她还曾一人独揽了由史蒂文·梅塞（Steven Meisel）拍摄的秋冬季广告。

她曾多次为世界著名时尚杂志*VOGUE*拍摄封面，并被其评为世界顶尖模特之一。萨沙凭借傲人的眼神与优美的姿态一次次带给时尚界与众不同的视觉冲击。在各场世界级时装秀中，萨沙常常担任诸多世界顶尖时装品牌如：卡尔文·克莱恩（Calvin Klein）、古奇（Gucci）、Cruise系列、朱利安·麦克唐纳德（Julien MacDonald）等挑选的首席模特，展示其最新的时尚设计。她还拍摄了乔治·阿玛尼（Giorgio Armani）品牌2009春/夏广告。

萨拉为普拉达（Prada）拍摄的广告

VOGUE
NIPPON
9
September
2007
No.97
¥680
ヴォーグ ニッポン
www.vogue
セレブ&モデルたちの
私的お買い物計画。
ンジー・ローハン、ジェシカ・スタムetc.
着たい！注目の
ハイストリート・ブランド。
H&M、トップショップetc.
モードなニットの
1Weekコーディネイト。
★創刊8周年記念
今号登場のブ
総25アイテム
プレゼント！
Reality Vogue
リアルに輝くモードな私。
★今月はヴォーグ的「使える服」の提案です。
女を上げるテイラーリング革命。
別冊付録1
Isetan M
07-08 A/W
ブルックス ブラザーズを変えた
新星、トム・ブラウンの美学。
別冊付録2
はじめに
全部見せます。
Bag & Sho
カラー別完全図
694
ステラ・マッカートニーが目指す
リアル・スタイルとは？

日本版*VOGUE*封面

*VOGUE*封面

短短4年，萨莎完成了从娃娃脸到女神的转变。她代言的品牌包括乔治·阿玛尼（Giorgio Armani）、阿迪达斯（Adidas）、飒拉（Zara）等，最近又做起了奥莉（OLAY）的代言人，成为OLAY全新系列化妆产品OLAY Definity焦点皙白系列代言人。

作为名模的萨莎·彼伏波洛娃台步非常活泼，仿佛一只蹦蹦跳跳的小兔子，而且不管去哪里都喜欢随身带着一只叫Zaichika的兔子玩偶，所以喜爱萨莎的人都爱昵称她为“小兔子”。虽然镜头前的她洒脱优雅，将服装的风格都能恰到好处得表现出来，令所有的人心动和赞叹，大家都觉得她拥有着超越了年龄的神秘气质，但是事实上，生活中的她却还是个无论到何处工作、旅行都必会带上毛绒玩具的单纯女孩。

她崇尚简单自然的生活。在莫斯科，她和家人及三个兄弟姐妹过着健康简单的生活。“我喜欢在清晨的阳光中起床，然后到我家旁的小河边练习一会儿气功，中国乌龙茶和少林功夫都是我养颜的秘诀之一。不过，我把我的容貌归功于我妈妈的遗传，还有就是坚持做个素食主义者和远离酒精。吃完早餐，照顾一下我的宠物，然后我就出门工作了。如果没什么工作，我会在自己的画室上课，有空的时候，跑到大自然中去尽情地画风景或者看书，这种感觉棒极了。”这就是这位国际超模心目中的幸福生活场景，她对幸福的要求很低，这也是她能够以一颗平常心对待自己的成功，从而获得更大的满足和成就的原因。

简单美丽的俄罗斯女孩儿萨沙很喜欢中国文化。她通过练习少林功夫、品乌龙茶、吃素来保持自己身心的纯净。每天早上吃早餐前，她都要先喝一杯乌龙茶，而功夫养生则是萨沙保持美丽的秘诀之一，萨沙认为练习中国功夫不仅可以强身健体，还能帮助她舒养身心，在纽约时萨沙甚至会去美国少林寺跟随师父释延明习武，在外旅行时，则和丈夫一起练习武功。

萨沙是一个幸运的女孩子，她从事着一项创造美丽和财富的工作，她也是一位幸福的女孩子，不只因为她是个摄影师和设计师眼里不可替代的真正意义上的超模，更因为她有着自己真正热爱和执着的东西——绘画。当她能够专注于绘画时，她的世界是寂静的，也是热闹的，在属于她的艺术世界里，她感受着属于自己的幸福和快乐。

四、思考题

（一）本世纪模特界似乎很流行娃娃脸，这是为什么呢？

（二）要想成为一位成功的模特，你认为最重要的品质和基本条件是什么？

普拉达(Prada)2008春/夏广告海报

PRADA

第七部分
走向国际的中国超模

中国模特姜培琳演绎中国时装大师张肇达设计作品

后起之秀·独树一帜

一、时代背景

中国早在20世纪30年代就出现了模特，只是当时人们并不以此称谓。各种歌星、电影明星，穿着华美的衣服，摆出妖娆妩媚的姿势出现在时尚杂志的封面，引领着那个时代的时尚潮流。无论是她们的发型还是身上的装饰品，当然包括她们所穿的衣服，都会成为爱美女性们争相模仿的对象。

真正的意义上的专职模特是改革开放以后诞生的。1979年，皮尔·卡丹在中国做了一个时装表演活动。上海服装公司的领导在看了这场演出后，萌发了组建一支时装模特队的想法。在向纺织局的领导汇报后，得到了批准。对于“模特”这个词，上级领导觉得这个外国的称呼不太符合中国国情似乎是低级趣味，于是指示“建立一支庄重、大方、优美、健康的时装表演队，”模特改称为“时装表演演员”。中国的第一支时装模特队，就这样诞生了。当时在选拔模特时并没有固定的标准，也没有专业人士指导。只是根据目测，挑选身材好的加入，选定后还要领导动员她们加入。上海时装表演队组建后，很快北京、广州、深圳等大城市，出现了具有专业水平的时装表演队伍，时装表演事业在中国大地上蓬勃发展起来。在中国高校设立时装表演专业起始于1989年，由苏州丝绸工学院（现在的苏州大学艺术学院）首先创办，专业名称为艺术设计（时装表演与服装设计），并于1999年升格招收本科生。模特培养进入高等教育是中国高校的一种尝试和探索，作为本科学生在校期间将系统学习模特表演和服装设计的相关课程，着力培养的是适应社会需求，具有扎实专业知识和综合艺术与设计修养，能够从事时尚创意产业相关工作的专业人士。苏州大学艺术学院开创了我国模特高等教育的先河，这一新生事物嗣后如雨后春笋般在全国各地开花。

中国的模特赛事逐渐专业化，中国的模特也逐步走向了世界。1986年，中国模特石凯以私人身份参加第六届国际模特大赛并获特别奖，这是中国人第一次出现在国际模特大赛中。1987年9月，中国时装表演队第一次走出国门，参加了在法国巴黎举行的第二届国际时装节，轰动世界时装界。1988年8月26日，北京广告公司时装模特队的彭莉，在意大利举行的“1988年今日新模特国际大奖赛”中夺魁，首次为中国获得了国际模特大赛的冠军。1989年秋，上海举行了“中国迅达杯时装模特大赛”，这是中国历史上第一次模特比赛。1991年，第二届中国超级模特大赛陈娟红登上了冠军的宝座；第二年赴美国参加“1992年世界超

VOGUE 中国版《服饰与美容》杂志创刊号封面

级模特大赛”获得“世界超级模特”称号；同年，参加“第十二届世界模特大赛”进入前八强，获得“世界超级模特”称号。1995年，第四届中国超级模特大赛冠军谢东娜荣获“世界超级模特”称号，这表明中国模特的水平已得到世界的认可。

二、审美特征和时尚潮流

中国的时尚潮流是紧跟国际的。对模特的审美要求基本和西方保持在同样的基准，抛弃了中国传统的审美观。当模特赛事逐渐成为国际潮流的时候，时尚专家们评论中国模特的基本要求，是要她们有一张“国际”的脸，以及欧洲人修长而苗条的形体。当时，中国刚刚开始改革开放，思想观念十分保守，一件露肩的衣服，竟然落到没人敢穿的境地。但随着模特们走出国门，见识了大千世界，便将海外的时尚理念引进了中国。“范思哲”的宽肩造型，时尚的大波浪发型很快就风靡了大江南北。进入21世纪，中国经济的持续发展和对外开放的逐步扩大。中国虽然不是世界的时尚中心，但在步伐上始终紧跟国际时尚潮流。

总体来说，中国时尚界对模特的审美是高挑而又苗条的身材，立体而有个性的脸，具有东方气质，这样她们才能冲出中国成为世界名模。近几年来，随着“后现代主义”思想开始在中国的传播和影响，关注多样性越来越成为各行各业有识之士的共识。体现独特中国传统美的模特有可能冲出国门，获得世界的认可。“越是民族的，就越是世界的”，这一法则虽然在模特赛事上没有充分体现，但毫无疑问，我们的模特在国际上获得大奖，不仅仅是因为她们符合国际时尚的审美观，更重要的是她们身上有一种独特的“东方之韵”。

中国超模莫万丹

三、著名模特

（一）陈娟红

1. 个人档案

生日：1969年2月6日
国籍：中国
出生地：浙江嘉兴
眼睛：黑色
头发：黑色
身高：179cm
体重：53kg
三围：83—60—89cm
鞋码：38码
血型：AB
星座：水瓶座

职业经历：

加入杭州嘉德宝时装队

获得第二届中国超级模特大赛冠军，“最佳现场印象奖”和“最上镜奖”

赴美国参加“1992年世界超级模特大赛”获得“世界超级模特”称号；获得“第十二届世界模特大赛”前八强“世界超模”称号

在中国国际服装博览会上被评为“中国最佳模特”

参加香奈儿专场演出；被媒体评为2000年“最具市场价值模特”称号；被聘为广州模特协会名誉主席

受邀成为贵阳市名誉“旅游形象大使”

被“上海国际时尚联合会”聘为上海国际时尚联合会副会长；在“第三届财富女性魅力风尚评选”中获得“魅力风尚奖”

2. 星路历程

陈娟红1969年生于浙江嘉兴桐乡市，长大后的她出落得秀丽高挑，一方面有着江南女子的温婉柔情，一方面又非常坚韧好强。因为个子高，她很小就加入了篮球队。

1990年，陈娟红退出了篮球队。因为常常有人说陈娟红像模特，她自己渐渐也就动了心，正好离她家不远的杭州嘉德宝时装队招人，她就去报了名，结果顺利考上了，从此踏上了职业模特的道路。

到了模特队后，她非常用功，训练非常刻苦，她知道要出成绩就要付出比别人更多的努力。陈娟红认为一个优秀的模特，除了拥有良好的身体条件以外，对服装、音乐的感受力、理解力和表现力似乎起着至关重要的作用。外在的美算不得真正的美丽，因为真正的美应该从内到外散发出来的。她在演绎服装时，仿佛是在传达服装的语言，将自己与服装融为一体，让服装表演充满灵气。对这样一位用心和用脑的模特，成功肯定是一个必然。

1991年，第二届中国超级模特大赛在深圳举行，陈娟红登上了冠军的宝座，并且获得“最佳现场印象奖”和“最上镜奖”，一举成为中国的“超级名模”。1992年赴美国参加“1992年世界超级模特大赛”获得“世界超级模特”称号，同年7月，她又获得“第十二届世界模特大赛”前八强“世界超模”称号。她的模特事业越来越成功，影响力和知名度也越来越高。她先后成为杉杉集团法涵诗女装品牌、莱茨服装公司、薄涛制衣公司、如意集团等国内著名服装公司的形象代言人。各大秀场更是频繁出现她美丽的身影，比如，在2001年9月参加了香奈尔专场演出。2001年被媒体评为2000年“最具市场价值模特”称号，又被广州模特协会聘为广州模特协会名誉主席等。

T台上的陈娟红

陈娟红

成功后的陈娟红，一方面在做她的模特；另一方面也在向更全面的方向去发展。她和几个朋友组建了广州异彩模特经纪公司，她是股东，也是艺术总监。在北京，她成立了自己的模特经纪公司，并计划是将其发展成为一个国际模特公司，给中国的模特提供更好的机会，让中国模特通过她的公司走向国际T型舞台。事实上，她的影响力不仅仅在模特行业，在人们心目中成为一位成功女性的典范。即使不再年轻，陈娟红依旧是一位自信美丽的模特，对自己的未来发展充满信心和期待。

篮球运动员出身的陈娟红，一直都非常喜欢运动，也一直保持运动的习惯，这对于保持健康和优美的体型都是非常重要的。只要有时间，她都会花时间去运动一下，无论是打球还是跑步，只要能让自己痛痛快快地出一身汗就感到非常舒服。对于皮肤的呵护她比较喜欢自然状态的自己。肌肤的护理一定要以健康的方式，根据自己肌肤的状况来调整自己，这是最为重要的。

陈娟红美丽的背后也有过心酸和痛苦。2003年她因劳累过度，患上严重的颈椎间盘突出症，听取医生的建议，她下了很大的决心，放下工作做了手术，手术给她带来的痛苦并没有打垮她，陈娟红坚强地挺了过来，又开始继续忙她的事业。

陈娟红时尚大片

陈娟红时尚大片

国际名模录 INTERNATIONAL SUPERMODEL RECORDED

（二）马艳丽

1. 个人档案

生日：1974年11月25日
国籍：中国
出生地：河南周口
眼睛：黑色
头发：黑色
身高：179cm
体重：52kg
三围：88—66—91cm
鞋码：40码
血型：A型
星座：射手座
喜欢的明星：安德烈·波切利(意大利男高音)
辛迪·克劳馥
喜欢的品牌：雅姿（Artistry）
阿玛尼（Armani）
业余爱好：骑马、桌球、篮球、旅游、听音乐

职业经历：

参加了“上海首届国际时装模特大赛”，并摘得冠军桂冠

拍摄了德国博朗（Braun）剃须刀电视广告；领衔主演《倾城之恋》；获得“中国时尚大奖——中国十大名模首席”称号

举办了第一场以自己名字命名的《Mary Ma——就这样》时装品牌发布会

成为中国电子CEC手机形象代言人及路易·威登（LV）中国形象大使；代表中国模特参加“全球华人支持北京申奥系列活动”；成为P&G公司“潘婷”洗发产品形象代言人

成为“娃哈哈”柠檬红茶形象代言人；被评为年度最优秀时装设计师奖

举办《在红地毯上》Maryma高级时装定制晚装发布会；创立Maryma高级定制品牌；成立马艳丽高级时装定制中心；获得中国时尚大奖最佳风格设计奖

代言安利（中国）雅姿化妆品

马艳丽写真照片

2. 星路历程

马艳丽出生于河南省周口市一个普通家庭。小的时候，她家中还有两个哥哥和一个妹妹，父母省吃俭用供她进体校，她也决心去外面闯一闯。在体校时，练排球、打主力，她非常努力，后来主攻水上运动，参加了学校的赛艇专业，她还曾是河南省赛艇比赛的冠军。然而，一次比赛中的偶然事故，终止了她运动生涯，也由此走上了另外一条时尚美丽的道路。

1995年，马艳丽参加了“上海首届国际时装模特大赛”，并摘得冠军桂冠。从此迅速走红，成为一名超级模特。

马艳丽179cm的身材，典雅的东方气质中透着迷人的现代气息，无论是在T型台上还是在台下都被人们所关注。从一位运动员成为中国第一位国际模特大赛的冠军，从此在模特行业大放异彩。

1998年，她拍摄了德国博朗（Braun）剃须刀电视广告。领衔主演根据中国著名作家莫然小说《艳影》改编的二十三集都市剧《倾城之恋》。1999年，分别在“中国国际时装周”和“上海国际服装节”上，成功地举办了第一场以自己名字命名的《Mary Ma——就这样》时装品牌发布会。

她曾多次赴美、意、法、英、日、南非、俄罗斯、新加坡、马来西亚等国家和地区出席大型服装盛会及世界著名品牌的演出，出演品牌包括：Louis Vuitton, Gucci, Escada, Ferragamo, Ports, Gianni, Versace, Givenchy, Christian Dior, Issey Miyake, Celine, Dolce&Gabbana, Sohia Rykiel等。

马艳丽曾代表中国赴法国参加“巴黎—中国文化周”中华文化服饰展演活动。她用自己的实力取得了诸多的成就：她是中国第一位“十大名模”评比的冠军；中国第一家模特经纪公司的首席签约模特；中国模特界的第一位青联委员；中国模特创建时装品牌第一人，中国模特界成功举办个人专场时装发布会第一人。

随着年龄的增长，马艳丽逐渐从模特转型，她如今既是演员，又是服装设计师。许多设计师把马艳丽当成中国的辛迪·克劳馥。马艳丽作为“MarymaSERIES”品牌的创始人、艺术总监及北京马艳丽高级时装有限公司董事长，开创了*Maryma*高级定制中心。

在“中国国际时装周”上，她成功举办了名为《Mary Ma——纯粹》牛仔系列时装发布会和《Maryma Design——尼罗河之旅》时装发布会，以及名为《在红地毯上》的Maryma高级时装定制晚装发布会。

2005年，马艳丽开始担任“幸福工程”扶贫贫困母亲形象大使，她尽自己的力量去关心关爱救助贫困母亲。作为第十届全国青

马艳丽写真照片

联委员更是热心各种公益活动，同时还积极支持和捐助大学生校园活动，在广大学生和青年当中，树立了健康向上的形象，被誉为美丽、成功的时尚青年女性代言人，当然，马艳丽并没有放弃自己作为模特和演员的身份。在2009年代言安利（中国）雅姿化妆品，2010年则参演了电视剧《婚姻保卫战》和电影《摇摆的婚约》，这一年她还入选了“中国国家形象宣传片”人物。

无论什么时候，马艳丽给人的印象都是健康阳光和充满活力的。这跟她自身的性格以及她的日常保养是分不开的。她主张远离加工食品，多吃完全天然的食物，均衡膳食，这样就能保证合理的营养，人就会比较健康。她认为最好的皮肤护理方式就是睡觉，用再好的化妆品都不如睡个好觉。所以，真正的美容和保养就是要遵循自己身体的生理规律，调理好生活，多运动，保证睡眠和水分。

运动员出身的马艳丽非常热衷于运动，她钟情体育健身，每天早晨起床都坚持拉一拉韧带；当初打排球，现在依然喜欢；有时还会去骑马、游泳，她尤其喜欢骑马，“一骑上马什么也不会想，就是狂奔，完全忘却所有的欢乐和烦忧，那种感觉真的很棒，不但能够强身健体，还能够锻炼性格。”除了骑马，她还喜欢滑雪。台球、排球、篮球、高尔夫球她全喜欢。通过运动马艳丽保持活力和激情，也帮助她保持好身材。

马艳丽与她喜欢的马

（三）吕燕

1. 个人档案

生日：1981年10月19日
国籍：中国
出生地：江西德安
眼睛：黑色
头发：黑色
身高：178cm
体重：52kg
三围：82—60—89cm
鞋码：38码
血型：B型
星座：天秤座
喜欢的品牌：爱马仕（HEMES）
路易·威登（LV）
业余爱好：旅游、玩游戏

职业经历：

被中国顶尖造型师李东田和著名摄影师冯海发掘，拍摄各大时尚杂志封面，进入时尚圈

到达巴黎发展，拍摄欧莱雅（L'OREAL）广告；为*VOGUE*拍摄；参加著名时装品牌克里斯汀·迪奥（Chris Tian Dior）及克里斯汀·拉夸（Christian Lacroix）的时装表演，获得世界模特大赛亚军

成为贝纳通（Benetton）形象代言人和欧莱雅（L'OREAL）染发剂形象代言人

参演影片《华丽的面纱》；在中国风尚大典上，获得风尚星光大道奖

在第一届模特大典获得国际风尚模特称号

在电影《时尚先生》中客串角色；获得"胡润百富榜十周年"潮流先锋奖

在电影《全城热恋》中客串角色；在第二届模特大典获得国际风尚模特称号；获得中国60年十大风尚影响力女性称号

在第14届华语榜中榜暨亚洲影响力大典中获得亚洲最具影响力模特儿称号

2. 星路历程

1981年10月19日，吕燕出生在江西德安一个普通的农村家庭。小时候吕燕个子比较高，长得并不漂亮，经常受小伙伴们的奚落。她变得非常不自信。甚至，养成了弯腰驼背走路的习惯。在南昌读中专时，吕燕对自己的不自信非常不满意，于是到一家模特培训公司练习步伐，纠正走路的仪态。后来，逐渐竟对走台产生了兴趣，萌发出做职业模特的想法，尽管很多人认为她的这个想法很不现实，但吕燕还是坚持自己的选择。

1999年，南昌的经纪人带吕燕去北京，一次偶然的机会，被中国顶尖造型师李东田和著名摄影师冯海发现。时尚眼光独到的他们觉得吕燕长得虽不美但很有特点，于是为她做造型，拍了一组照片，照片引起了时尚界的关注。之后，吕燕相继拍摄各大时尚杂志封面，从此正式进入时尚圈。

2000年6月，吕燕在北京新侨酒店邂逅了一位世界著名的模特经纪公司的工作人员，并邀请她去巴黎发展。吕燕经过考虑决定跟随他去往巴黎。2000年6月17日，吕燕到达巴黎，住在巴黎文化发源地——圣路易岛上。初到巴黎的吕燕很幸运，去的第三天就有人找她为杂志拍片，几个月后就拍了著名的欧莱雅广告。吕燕也引起了世界最著名的时尚杂志*VOGUE* 的注意，为杂志拍摄了许多照片，参加了著名时装品牌克里斯汀·迪奥（Christian Dior）及克里斯汀·拉夸（Christian Lacroix）的时装表演。一时间名声大噪，吕燕在巴黎时尚圈中迅速走红。

吕燕曾经拍摄中国的《时尚伊人》《追求》《中国时装》《现代服装》《世界都市》；法国的*ELLE*, *COSMOPOLITAN*, *ESQUIRE*, *SPOON*, *MARIE CLAIRE* 等10多本杂志拍摄封面及全版彩页。为英国的著名时尚杂志*ID*, *POST*拍摄封面。先后被法国电视台等多家媒体追踪报道。

吕燕登上中国香港版2005年NO.215*ELLE*封面

她还曾出席过“迪奥”、“拉夸”等诸多大牌时装秀；成为法国精品名牌“爱马仕”（Hermes）代言人；2003年成为“贝纳通”形象代言人和 “欧莱雅染发剂”形象代言人等。她也是美国著名时尚杂志*HARPER'S BAZAAR*中国版《时尚芭莎》的特约时尚编辑。2005年她参演了电影《华丽的面纱》（由好莱坞著名导演约翰·卡兰执导，爱德华·诺顿和娜奥米·沃兹主演）；客串演出了《时尚先生》（2008年）、《全城热恋》（2009年）和《爱出色》（2010年）。

从业以来获得的荣誉不胜枚举：荣获“2000年世界模特大赛亚军”；2005年中国风尚大典“风尚星光大道”奖；2007年第一届模特大典“国际风尚模特”；2008年 “胡润百富榜十周年” 潮流先锋奖；2009年第二届模特大典“国际风尚模特”；2009年新中国60年10大时尚人物唯一入选女模特；

2010年第14届华语榜中榜亚洲最具影响力模特儿等。她是中国的首席名模，是获得中国国际国内荣誉最多、知名度最高的模特，是中国第一个真正意义上走向国际的名模，也是模特生涯迄今为止最长的模特。这个被国外媒体评价为“一半是天使，一半是魔鬼”的超模吕燕，既有天使般纯净灿烂的笑容，又能够表现出魔鬼般的冷酷和野性。她的未来还有一段很长很精彩的路，相信她会走得越来越好。

吕燕也有自己的保养秘诀。首先，多喝水是必不可少的功课，吕燕也不例外，她喜欢喝绿茶；她还会吃很多的水果，这样就保证了水分和维生素的供给，让肌肤水嫩润滑。另外，运动也是她日常生活中一项很重要的活动。一有时间她就尽量做一些运动，比如走路、跑步等。当然最好的是能到空气清新的郊外慢跑，这不仅能够锻炼身体的肌肉，帮助身体新陈代谢，也能让心情好起来。事实上，吕燕总结保养的最好办法就是保持开心的心情，这是最好和最有效的护肤方法，效果是最明显的。因此，无论何时只要保持一份好的心情，肌肤就会焕发出自然的美丽!

吕燕为东田造型十周年拍摄的照片

吕燕走秀照片

（四）莫万丹

1. 个人档案

生日：1987年1月29日
国籍：中国
出生地：广东深圳
眼睛：黑色
头发：黑色
身高：180cm
体重：53kg
三围：83—62—89cm
鞋码：40码
血型：O
星座：水瓶座
喜欢的颜色：黑色
喜欢的品牌：迪奥（Dior）
雨果·波士（Hugo Boss）
香奈儿（Chanel）
达衣岩（Donoratico）
业余爱好：听音乐、看电影、运动

职业经历：

参加第十届中国模特之星大赛，获得冠军；参演中国国际时装周；做广西电视台《冠军风采元旦晚会》特邀嘉宾

参加众多时装品牌发布；当选年度模特行业Top10最具影响力的顶级模特；拍摄各大时尚杂志封面

被评为年度中国最佳模特

被评为年度风尚女模特；参加迪奥（Dior）以“蝴蝶夫人”为主题的高级时装定制发布；成为天津工业大学艺术与服装学院服装表演专业的客座教授

为阿玛尼（Armani）走秀，参加四大国际时装周

获得亚洲超模大赛国际风尚奖

莫万丹

2. 星路历程

1987年1月29日，莫万丹出生在广东一个体育家庭。爸爸是运动员出身，她从小就跟着爸爸参加各种体育训练，篮球、排球、跳高、跳远、长跑等。12岁便离开父母进入体校进行跳高的专业训练。

这个本来就有些男孩子气的小女孩儿，在体校里更是如鱼得水，加上很多同学都是来自东北，她这个广东人却被潜移默化地影响成能够讲流利的东北话。她天生是一种大大咧咧的性格，第一次见她的人，总会误认为她是一个北方女孩儿。因为个子高，她在体校也是很突出的。后来，她的脚在训练中受伤，医生告诉她，继续训练是可以的，但是再想增加训练强度却是不可能的。这样，运动员的梦想破灭了。她不得不退出体校，寻找新的出路。而模特行业似乎是她最为合适的选择。这段运动员的经历赋予了她独立而坚毅的性格，帮助了后来成为模特的她。使她在服装表演中，除了展现女性的风情外，眉目之间还会传递出一种摄人心魄的帅气和永不服输的傲气。

果然，自2004年参加模特大赛，获得"第十届中国模特之星大赛"冠军后的短短几个月里，莫万丹不断出现在中国的顶级时尚舞台和全国各大时尚杂志的封面上，她像是一朵适时绽放的花朵，美丽着人们的视线，成为时尚圈一颗迅速升起的新星。

莫万丹相继参加了"中国国际时装周·2005春夏系列发布会""'杉杉杯'第十届中国时装设计新人奖"评选活动"NE-TIGER·2005东北虎高级晚装发布会""U牌牛仔·2005春系列发布会""'三利杯'第三届中国编织时装大赛暨三利毛线编织大奖赛"，"日本冈正子、菱沼良树、永泽阳时装发布会"，"Le Dannel·2005春夏高级时装发布会""ClaireFang·2005春夏时装发布会""马克·张2005春夏时装发布会""天意·2005春夏时装发布颁奖典礼"，"中国国际时装周颁奖典礼""2005'亚洲之风'中、日、韩三国设计师联合汇演""2005NE-TIGER'时尚之夜'"演出等。

在2005年一年中，她就应邀为国内外36家知名杂志包括《嘉人》《世界时装之苑》《时尚伊人》《时尚健康》《时尚芭沙》等拍摄大片和封面，这些知名杂志都将她定为最受欢迎、最具个性和表现力的新宠儿。

莫万丹一下子成为了时装界"万千宠爱在一身"的顶级名模，当选为"2005年度模特行业Top10最具影响力顶级模特"。之后，被评为"2006年度中国最佳模特"，与名模姜培琳及范冰冰、张靓颖等三十多位知名艺人一同入围"中美文化魅力人物"。继后，又被评为"2007年度风尚女模特"，同年，莫万丹正式成为天津工业大学艺术与服装学院服装表演专业的客座教授。2010年北京国际车展出任奥迪代言人，同年，获得"亚洲超模大赏国际风尚奖"。莫万丹还是日本"旭化成"第三十代形象代言人，广州市澳

T台上的莫万丹

大生物美容保健科技开发有限公司旗下护肤品牌“十八变”的形象代言人，以及达衣岩（Donoratico）服饰的代言人。这个被迪奥首席设计师加利亚诺称为“亚洲最漂亮的模特”，正在进行“从模特行业新星到国际时尚巨星”的蜕变。

莫万丹给人的感觉是自然清新，毫不做作，让她身边的每一个人都感觉非常舒服。她很有个性，说话直来直往，从不拐弯抹角。她自信而勇敢，在大牌设计师面前也毫不怯场，所以每一次面试都能让设计师们满意。她的魅力就源于她的个性，她的自信。

莫万丹有着南方人的饮食习惯，喜欢清淡的食物，这样就不用刻意去控制自己远离油腻的高热量的东西，她保持身材就非常容易了。她每天的食谱是健康有营养的，不仅对于保持身体的营养均衡有好处，更是她轻松拥有完美身材的保证。她特别注重皮肤的护理，也是个爱美的女孩，而且为了做一个合格的模特，从手到脚都要细心呵护，保证让每一寸肌肤都细腻光泽有弹性。运动员出身的莫万丹做了模特之后还是有运动的习惯。时间允许的话，一个星期要去三次健身房，通过运动，她觉得可以让自己身体充分地活动开，浑身都非常舒服和痛快。这是她保持健康美丽的秘密武器，她认为运动是保持身体健康和心情愉悦的最好方式。

四、思考题

（一）中国模特行业产生较西方国家晚，有什么样的深层原因？

（二）中国超模的国际市场目前比较好，你对未来中国模特的职业生涯有什么样的预见呢？

莫万丹写真照片

莫万丹写真照片

莫万丹演绎张肇达设计作品

后记

以模特为中心的“美丽产业”在时尚文化中历来是不可缺少的重要组成部分，模特就是商业价值的产物，“美丽是可以经济的”。模特的培养和推广；模特如何与产品宣传相结合；如何进而成长为超级名模，这在历代欧美的名模们身上都有很好的体现。纵观欧美模特的发展史和诸多名模的成长历程，都离不开模特经纪公司“星探”的慧眼；离不开著名摄影师高技巧多创意的拍摄；离不开品牌服装设计师的青睐和宠爱；离不开时尚媒体的关注、宣传和重力推出。这种名模成长之路是成体系的，缺了哪个环节都不行。名模是荣誉和奢华生活的代表者，也是完美身材和美丽的代名词，更是不同时代审美标准和时尚潮流的“风向标”。从宏观来看，在不同时代背景、审美特征和时尚潮流的范畴中，涌现和成长起来的名模具有不同的风格特征，打上的是时代的烙印。

《国际名模录》以国际不同时期著名模特为选录对象，以欧美著名模特经纪公司的签约名模和世界著名服饰品牌的形象代言人为主要线索，梳理时间从20世纪50年代至21世纪10年代，每十年作为一个时间段。随着人们对时尚产业和服饰产品的不断需求，每个时间段都涌现出了许多令人瞩目的超级名模。由于本书篇幅限制，我们只得在每个时期精选三至四位名模作为代表，虽然不足以囊括所有国际名模的风采，但我们只能“忍痛割爱”、“以少盖全”，在反映一个时代文化特征的基础上，尽可能的将不同时代名模的风格特征进行总结，将她们的个人档案、星路历程和日常保养，以及精彩的照片进行整理和取舍。希望我们的工作对中国模特新人的发现和培养，对拓展国内模特新人的国际视野，给中国模特经纪公司和培训机构的运作，对时尚摄影师以及与时尚相关人士提供经验指导和参考借鉴。

本人从多年前生发编著《国际名模录》的想法起，和相关人员一起做了许多有关资料的收集和整理工作。这期间，冯阿鹏和岑晓园做了大量的工作，作为研究生他们得到了很好的锻炼和提高，我们成为同一战壕里的同志，还有朱翰功、李宁和何艺超付出了辛勤的劳动。直至今日书稿得以出版，我们要感谢的人很多。首先要感谢中国纺织出版社的编辑老师为此书的出版给予了大力支持和热情指导；感谢苏州大学艺术学院李超德院长在百忙之中为本书撰写序；感谢上海掌极企业形象策划有限公司张北永先生为本书设计封面和版式；感谢苏州大学艺术学院服装表演与服装设计专业08级学生张子龙、赵一蔚以及全班同学的热情参与。最后，要感谢我的老公朱建华，为此书的出版周到而快乐地无私奉献！

《国际名模录》在让国内模特专业学生对欧美模特发展和名模成长史有所了解的基础上，为他们的成长和实践树立了榜样，该书可作为模特新人建立自信心和人生奋斗目标的参考书。本书的出版，还是对那些曾经为模特事业立过汗马功劳并名噪一时，而今却逐渐被时尚圈遗忘的国际超级名模们的一种怀念和敬意。

皇甫菊含